连锁经营与管理

商品及品类管理

I PINLEI GUANLI

王　飒/编著

中国人民大学出版社
· 北京 ·

图书在版编目（CIP）数据

商品及品类管理/王飒编著. —北京：中国人民大学出版社，2019.6
ISBN 978-7-300-26580-3

Ⅰ.①商… Ⅱ.①王… Ⅲ.①商品管理 Ⅳ.①F760.4

中国版本图书馆 CIP 数据核字（2019）第 003724 号

商品及品类管理
王　飒　编著
Shangpin ji Pinlei Guanli

出版发行	中国人民大学出版社		
社　　址	北京中关村大街 31 号	**邮政编码**	100080
电　　话	010－62511242（总编室）		010－62511770（质管部）
	010－82501766（邮购部）		010－62514148（门市部）
	010－62515195（发行公司）		010－62515275（盗版举报）
网　　址	http://www.crup.com.cn		
经　　销	新华书店		
印　　刷	北京密兴印刷有限公司		
开　　本	787 mm×1092 mm　1/16	**版　　次**	2019 年 6 月第 1 版
印　　张	11.5	**印　　次**	2024 年 8 月第 4 次印刷
字　　数	276 000	**定　　价**	28.00 元

前言

Preface

20 世纪 80 年代初，市场营销理论传入我国。随着时代的进步、社会的发展，市场营销理论也在不断发展，出现了许多创新的营销理论思想，比如把市场营销的立足点提升到正确处理和改善企业、社会、消费者三者之间经济利益关系的高度。然而在商品流通的社会实践中，仍然会有一些新的问题和矛盾需要解决。在这样一种社会经济背景下，品类管理思想的出现就成为一种必然。

品类管理在内容体系上有自己的独立性，但是，从学科建立的立足点和研究内容、研究方法来看，品类管理与许多学科理论有着密切的联系。品类管理不同于市场营销，但与市场营销理论关系十分密切。市场营销理论侧重于对市场功能发挥的研究，通过企业营销努力创造经营业绩；品类管理则不是单纯地研究如何把产品卖出去，而是研究怎样能在更好地满足需要的前提下多销售产品，以此来追求企业利润。品类管理与商品学的关系密切，但又有别于商品学理论。商品学理论侧重于对商品本身自然属性的研究，重点研究商品品质如何满足消费者的需要；品类管理不是单纯的商品管理，不是研究具体的商品知识，而是更关心商品如何能更好地适应消费者需要，通过提供最佳的商品组合，最大限度地满足消费者的需要，创造最佳的营销业绩。

从目前我国品类管理学科的发展情况来看，品类管理的理论研究还比较贫乏，鲜见系统完整的理论论著，职业教育教材也极其少见。为了满足目前职业教育教学对品类管理教材的需求，作者参阅了大量相关资料编著成本书，力求使本书理论体系完整，结构设计合理，符合当前职业教育教学的需要。

本书由沈阳职业技术学院工商管理学院王飒老师编著，在写作过程中，得到了有关专家、学者以及管理工作者的大力支持。中国人民大学出版社李剑老师对本书的编写大纲提出了指导意见，沈阳职业技术学院郑艳教授对本书的写作、修改提出了有益的建议，连锁经营专业专家、沈阳职业技术学院刘瑞军教授与工商管理学院院长胡启亮教授等对本书的编写提出了建设性指导意见。在此，对给本书写作提供支持和帮助的各位领导、专家、学者深表谢意！对编写过程中所参阅资料的作者，一并表示感谢！

由于创作时间仓促，作者水平有限，书中难免有不妥之处，敬请读者提出指导意见。

目 录

Contents

项目一 商品及品类管理基础知识导读

任务一 认识商品 …… 2
任务二 商品归类 …… 4
任务三 产品组合 …… 9
任务四 商品品类管理认知 …… 13

项目二 商品质量及质量管理

任务一 商品质量认知 …… 21
任务二 商品标准认知 …… 25
任务三 商品检验认知 …… 28
任务四 国家对商品质量的管理 …… 33

项目三 商品包装管理

任务一 认识商品包装 …… 41
任务二 认识商品包装标识 …… 43
任务三 包装策略 …… 48
任务四 商标识别 …… 50

项目四 商品储存养护与库存管理

任务一 对商品储存期间质量变化的认识 …… 58
任务二 对影响商品质量变化因素的认识 …… 62
任务三 对工业品类商品养护的认识 …… 66
任务四 对食品类商品储存与保鲜的认识 …… 71

任务五 商品库存管理基本方法 …… 74

项目五 商品分类管理

任务一 日用工业品商品管理 …… 83
任务二 食品商品管理 …… 87
任务三 纺织品商品管理 …… 90
任务四 家用电器商品管理 …… 94

项目六 商品采购管理

任务一 商品采购概述 …… 101
任务二 商品采购品类管理 …… 107
任务三 商品采购质量管理 …… 110
任务四 商品采购数量管理 …… 114

项目七 商品价格管理

任务一 商品价格形成的基础 …… 121
任务二 商品价格的制定 …… 125
任务三 定价策略与定价技巧 …… 129
任务四 价格调整与变价管理 …… 135

项目八 商品陈列管理

任务一 商品陈列概述 …… 142
任务二 商品陈列方法 …… 145
任务三 商品陈列技术、陈列技巧和陈列艺术 …… 151

项目九 商品销售管理

任务一 商品促销 …… 160
任务二 新商品引进管理 …… 166
任务三 滞销品管理 …… 172

参考文献 …… 178

项目一 商品及品类管理基础知识导读

问题引入

人类生活在商品的世界里，衣食住行都离不开商品。商品给人们带来了丰富多彩的物质文化生活，影响着人们生活的方方面面。商品也是人类社会经济活动的媒介和工具，人类从事一切社会经济活动都与商品密切相关。掌握更多的商品知识，已经成为人们的一种渴望和现实需求。

任务导读

本项目从认识商品开始，引导学生进入商品管理知识的情境，激发学生学习商品及品类管理知识的兴趣。

学习目标

- 了解商品的含义
- 熟悉商品的基本属性
- 了解商品分类和商品品类
- 通过实训练习，结合实际生活体验，深刻领会商品的基本属性，加深对商品品类的认识

任务一 认识商品

案例导入

如何辨别洗发水的优劣？

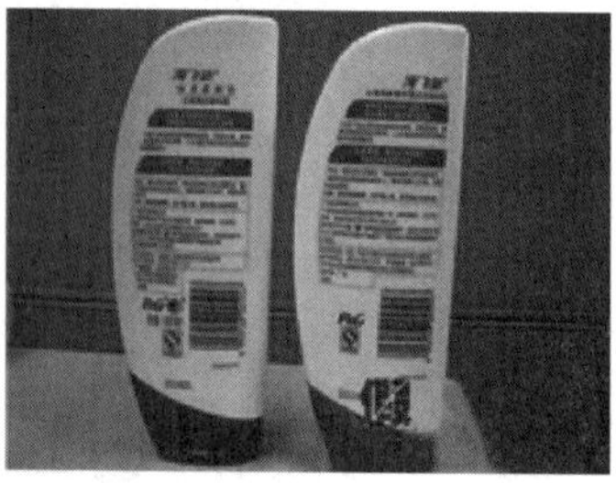

你有洗发水商品的相关知识吗？你会辨别洗发水的优劣吗？教你几招来挑选出优质的洗发水。

一看包装。优质的洗发水包装都很精致，文字、图案清晰。

二闻香味。品质越好的洗发水味道越淡，而且接近自然的味道，比如水果味，清淡不冲鼻，用后幽香持久。

三看泡沫。优质的洗发水都有很好的发泡效果，用一点点洗发水加一些清水就能起很多泡沫，而且泡沫越细腻的品质越好。

四看膏体。膏体越细腻越好，而且膏体要连贯，黏性大，流动不快。

五看冲洗。优质的洗发水很容易冲洗干净，而且没有黏腻的感觉。

六看用后感觉。优质的洗发水用后不仅头发轻盈，而且自然顺滑，很容易梳理。

思考：

学习本案例后，谈谈学习商品知识的重要意义。

知识探究

一、商品的产生

商品是人类社会生产力发展到一定历史阶段的产物。在早期人类社会，随着社会生产力的发展，社会分工的出现，社会劳动生产率得到提高，劳动者生产的产品除了能够满足自己的需要外，开始出现剩余，这就为交换的产生创造了条件。交换的出现，意味着人类劳动产品开始转化为商品。

早期的交换，是简单的“以物易物”，这是商品交换产生的雏形阶段，后来发展到以货币为媒介的较高级的交换形式。货币的出现，标志着人类社会进入了以商品生产和商品交换为特征的商品经济社会。

二、商品的含义

商品是用来交换的劳动产品。一般意义上的商品应该具备以下三个基本特征：

1. 商品能够满足人们的某种需要

凡是商品都具有使用价值，即商品的有用性。没有使用价值的物品不能满足人们的有效需要，不会有人为了得到它而付出代价。

【例】衣服可以御寒，食物可以充饥，这就是商品的有用性。能够满足人们某种需要的物品对人们来说才有用，人们才会去设法得到它。

2. 商品是人类劳动的产物

商品有别于天然的物品，有使用价值但没有经过人类劳动加工的天然物品不能称之为商品。商品本身是人类劳动的产物，凝结着一定量的一般人类劳动，即商品具有价值。

【例】天然的水、空气，人们不用付出代价就可以取得，不是人类劳动的产物，但经过人类劳动加工的瓶装饮用水和医院用的氧气则具备商品的属性。

3. 商品是用于交换的劳动产品

为自己消费而生产的劳动生产物，没有体现出商品经济的属性特征，这种劳动生产物只能算作产品而不能称其为商品。

【例】农民自己生产自己消费的粮食、蔬菜等不是商品。如果农民把这些粮食和蔬菜作为礼物送给别人也不能称其为商品，只有把这些粮食和蔬菜卖给别人时才能称其为商品。

三、商品的属性

一般意义上的商品，都具有自然属性和社会属性双重属性。

1. 商品的自然属性

商品的自然属性是与商品使用价值的形成相联系的属性，包括组成商品的物质成分、结构、形态以及物理性质、化学性质、生物学性质、生态学性质等自然形态的属性。

2. 商品的社会属性

商品的社会属性是与商品的价值形成相联系的属性，重点体现在商品交换背后存在的交换双方的地位和经济利益关系，以及其他社会关系。

【例】化妆品的形态、颜色、气味、化学成分、使用功能等是化妆品的自然属性，而在市场上用来交换的化妆品则体现的是化妆品的社会属性。

四、商品的整体概念

商品是一个广义的、整体的概念，它不仅指一种有形的物体，也包括无形的服务，即购买商品时所得到的直接的、间接的、有形的、无形的利益和满足感。

1. 商品的核心部分

商品的核心部分，是指商品所具有的满足某种用途的功能，是消费者购买某种商品时所追求的实际利益。

【例】 消费者购买电视机，是为了获取电视机能给人们带来的实际利益，即看电视给人们带来的精神上的享受，而不是为了得到电视机有形的外壳。商品的核心部分所表达的是商品实质，是商品整体概念中最基本和最主要的部分。

2. 商品的形式部分

商品的形式部分，是指商品实体和劳务所构成的具体形态。主要包括商品的成分、结构、外观式样、品质特点、品牌标识、商标、包装等与实体商品有关的因素。形式产品是核心产品的载体。

3. 商品的延伸部分

商品的延伸部分，即人们在购买商品时所获得的附加利益和服务。如提供送货上门、售后技术服务、质量保证措施、信息咨询、退换货承诺以及其他各种服务。商品的延伸部分是商品属性和功能的外延。

【例】 计算机杀毒软件功能的升级，可视为商品功能的延伸。

商品整体概念层次如图 1－1 所示。

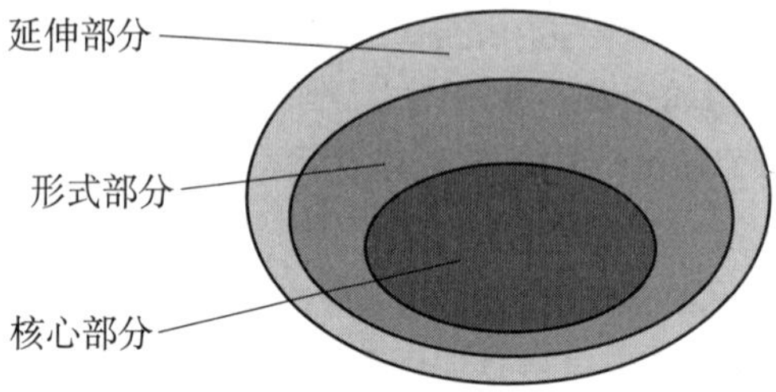

图 1－1　商品整体概念层次图

案例评析

我们每个人无论社会地位如何，都无法回避作为一名消费者的角色。作为消费者，首先要满足衣食住行等生活消费需要，而这些需要又是由消费品来满足的。通过案例导入中对如何辨别洗发水优劣知识的学习，我们体会到，学习掌握必要的商品知识，对满足我们日常消费需要、维护自身利益、提高生活品质具有重要意义。

任务二　商品归类

案例导入

海关总署解读由商品归类引起争议的若干问题

进出口企业应如实向海关申报商品归类编码，如果同海关发生争议，可以选择适合自身的解决渠道化解争议。纳税义务人应依法如实对其申报的进出口货物进行商品归类，并向海关如实申报，同时对申报的商品编码承担相应的法律责任。

20××年3月至6月，元通公司在A海关出口10票钢铁类产品，申报品名为镍铁，出口税率为10%。A海关在监控中发现其存在归类风险，认为该商品的正确商品名应为“合金生铁”，正确商品编码应为7201500010，出口税率为20%，于是对该公司进行补税处理。20××年7月至11月，该公司在B海关又申报出口9票同类产品，申报过程中，元通公司向海关提供了真实的出口合同、发票、质检机构的检验报告，但没有接受A海关的归类纠正，仍然申报商品名称为镍铁，商品编码为7202600000，出口税率为10%。B海关发现该公司的违法行为后，以申报不实为由，对元通公司进行了行政处罚。

资料来源：中华人民共和国海关总署网站.

思考:

怎样正确认识海关商品归类?

知识探究

一、什么是商品分类

为什么要对商品进行分类呢?

商品种类繁多，仅在市场上流通的消费品商品就有20余万种。为了方便消费者购买，有利于商业部门组织商品流通，提高企业经营管理水平，有必要对众多的商品进行科学分类。

商品分类是指为了一定目的，选择适当的分类标志，将商品集合总体科学地、系统地逐级划分为门类、大类、中类、小类、品类以及品种、花色、规格的过程。

商品分类是商品管理的基本形式。GB7635—87《全国工农业产品（商品、物资）分类与代码》将我国工农业产品（商品、物资）分为23个门类、99个大类、36万余个品种细目。商品分类的类目层次应用实例见表1-1。

表1-1 商品分类的类目层次应用实例

商品类目名称	应用实例	
商品门类	消费品	消费品
商品大类	食品	日用工业品
商品中类	饮料	家用化学品
商品小类	茶叶	洗涤用品
商品品类或品目	绿茶	肥皂
商品品种或细目	龙井茶	茉莉香型香皂

二、商品分类的基本原则

商品分类是国家管理社会商品的基本形式。国家建立科学的商品分类体系，需要对商品进行系统、科学的分类。商品分类时所遵循的基本原则包括科学性原则、系统性原则、可扩展性原则和兼容性原则，如图 1-2 所示。

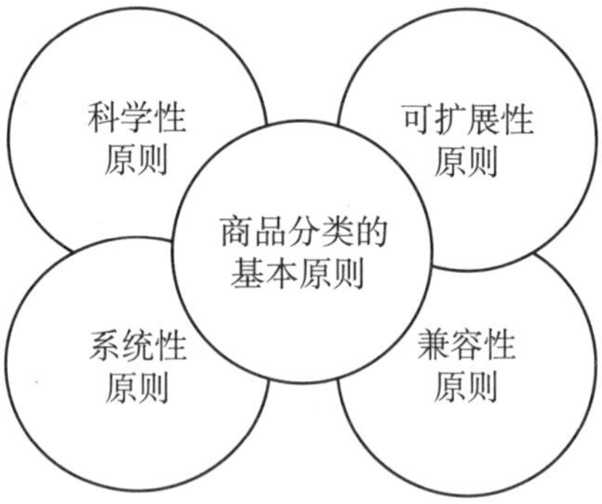

图 1-2　商品分类的基本原则

1. 科学性原则

科学性是建立商品分类体系的基本前提。在具体进行商品分类之前，必须准确地界定拟分类商品的范围，选择分类对象最稳定的本质属性和特征作为分类的依据，统一商品名称，每一分类层级确定唯一的分类标志，确保分类体系的唯一性和稳定性。

2. 系统性原则

商品分类的系统性，即以选定的商品属性和特征为依据，将待分类的对象按规定的归类原则，选择合适的分类标志进行分类，形成一个由若干子系统组成并逐级展开的大系统。在这个大系统中，每个分类对象都有自己的位置，并反映出分类对象彼此之间的关系。

3. 可扩展性原则

建立商品分类体系时，要充分考虑到科技进步、新产品不断涌现的实际情况，事先设置足够的收容类目，留有足够的空位，以保证新产品进入分类体系时，不至于打乱已建立的分类体系结构。

4. 兼容性原则

兼容性是指相关的各分类体系之间应具有良好的对应与转换关系。在建立新的分类体系时，要尽可能使原有的商品分类保持连续性和可转换性，使相关分类体系之间能相互衔接和协调，同时要考虑与国际、国家分类体系和相关分类体系的协调一致，便于信息交流和资料统计。

三、商品分类的基本方法

商品分类的基本方法有线分类法和面分类法两种。

1. **线分类法**

线分类法也称层级分类法，是指将拟分类的商品集合总体按所选定的分类标志逐次地分成相应的若干个层级类目，并排列成一个有层次的、逐级展开的分类体系的分类方法。

线分类体系的一般表现形式是，按层级分为大类、中类、小类和细目四个层次的类目，如图 1－3 所示。

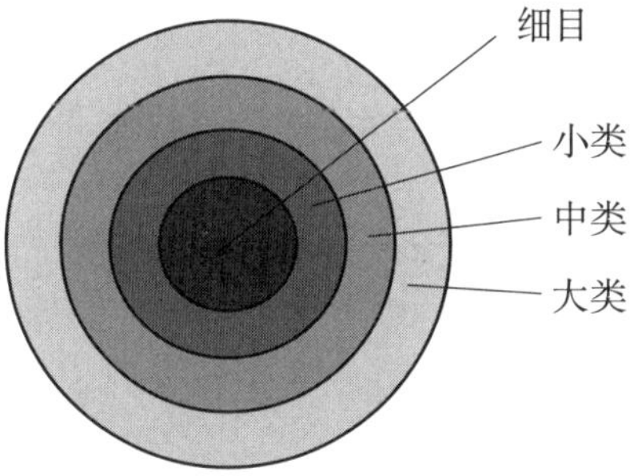

图 1－3　线分类体系层次图

(1) 商品大类是按商品生产和流通中的行业划分的，如食品、纺织品、日用化工品等。

(2) 商品中类或商品品类是指由若干具有共同性质或特征的商品组成的商品系列。如食品类商品又可分为蔬菜与果品、肉及肉制品、水产品、乳及乳制品、蛋及蛋制品、食糖、茶叶、酒类等。

(3) 商品小类或商品品种是由商品的具体名称组成的商品系列，它是按商品的性质、成分等特征来划分的。如食品中的酒类商品包括白酒、啤酒、黄酒、葡萄酒、果酒、露酒等。

(4) 商品的细目是对商品品种的详细区分，包括商品的花色、规格、品级等，它能具体地反映出商品的特征，如 53 度飞天牌茅台酒、长虹牌 40 寸液晶电视等。

【例】依次按超市食品大类、中类、小类、细类摆放区域去寻找青岛啤酒货架，如图1－4所示。

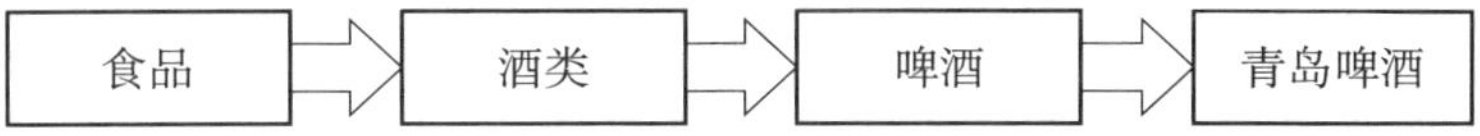

图 1－4　按商品分类找到青岛啤酒

线分类法结构简单，信息容量大，层次性好，逻辑性强，既适合手工操作，又便于计算机处理，但这种分类方法结构弹性差，分类结构一经确定则不易改动。所以，采用线分类法编制商品目录时，应预先留有足够的后备容量。

2. **面分类法**

面分类法又称平行分类法，是指将拟分类的商品集合总体按不同的分类标志（即商品本身固有的属性或特征），划分成彼此之间没有隶属关系的若干个面，每个面中都包含一组类目，由此排列成由若干个面构成的平行分类体系。

【例】某商场 4 楼服装商品的分类：把女装、男装、童装、婴儿服分为四个彼此独立的“面”，每个“面”又分成若干个独立类目，如表 1－2 所示。

表 1－2　　　　某商场 4 楼服装商品的品种类别

类别	女装	男装	童装	婴儿服
外衣	大衣 风衣 上衣 裙子	大衣 风衣 西装 裤子	童裤 连衣裙 连体裤 羽绒服	礼服 连衣裙 户外套服
内衣	胸衣 内裤 睡衣	内裤 睡衣	内裤 睡衣	爬服

四、常用的商品分类标志

可供选择的商品分类标志很多，在商品分类实践中，常用的分类标志主要有商品的用途、原材料、生产加工方法、主要成分或特殊成分等（如图 1－5 所示）。

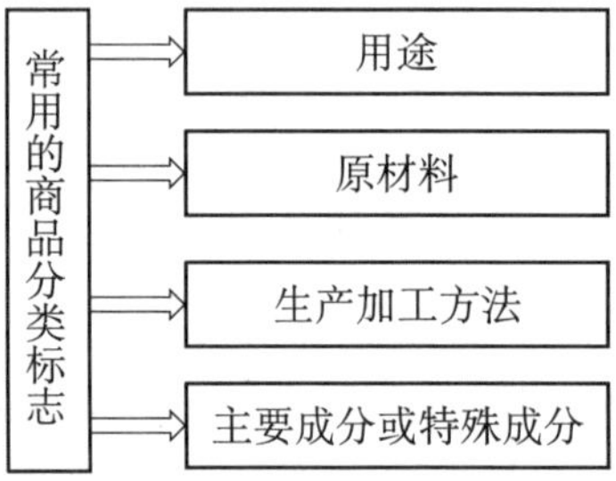

图 1－5　常用的商品分类标志

1. 以商品的用途作为分类标志

商品的用途是体现商品使用价值的重要标志，是与商品消费关系最为密切的分类标志，广泛应用于对商品生产、流通和消费领域的商品分类研究。它既适用于对商品大类的划分，也适用于对商品中类、小类、品种的详细分类。

【例】 将生活资料商品按不同用途分为食品、衣服、家用电器、日用品等类别；在日用商品类中，可按用途分为玩具类、洗涤用品、化妆品类等；在化妆品中，按用途还可以分为肤用化妆品、发用化妆品等；在发用化妆品中，又可以细分为洗发剂、护发剂、染发剂、生发剂等。

以商品的用途作为分类标志，便于对相同用途的各种商品质量进行比较，有利于消费者按用途选购商品；有利于商品生产者提高商品质量，开发商品新品种；有利于商业部门搞好商品的经营管理。但具有多种用途的商品不宜采用这种分类标志进行分类。

2. 以商品的原材料作为分类标志

商品的原材料是决定商品质量的重要因素。原材料的种类和质量不同，商品的化学成分、结构、性能、品质等方面的特征也不同。以原材料作为商品分类标志，是商品分类最基本的方法之一。

【例】 纺织品以原材料为标志，分为天然纤维织品和化学纤维织品。天然纤维织品又分为棉织品、麻织品、丝织品、毛织品等；化学纤维织品也可以进一步分为锦纶织品、涤纶织品、腈纶织品等。

以原材料为分类标志，能从本质上反映出各类商品的性能特征，以及对不同类别商品在使用、保管、包装和养护方面的不同要求。但对于多种原材料构成的商品则不宜采用这种标志进行分类。

3. 以商品的生产加工方法作为分类标志

商品的生产加工方法，是决定商品质量的重要因素。很多商品虽然采用相同的原材料，但是由于生产加工方法和制造工艺不同，商品的质量、性能、特征等也会有明显差异。因此，对采用相同的原材料而生产加工方法不同的商品，适宜以生产加工方法作为分类标志。

【例】 酒类按制作方法可分为蒸馏酒、发酵酒、配制酒；茶叶按加工方法分为发酵茶、半发酵茶、不发酵茶等。

4. 以商品的主要成分或特殊成分作为分类标志

商品的一些性能、质量、用途等特性与商品所含成分密切相关，这些商品的主要成分或特殊成分可以作为该类商品分类的重要标志。

【例】 塑料制品可按其主要成分（合成树脂）的不同，分为聚乙烯塑料制品、聚氯乙烯塑料制品、聚苯乙烯塑料制品、聚丙烯塑料制品等。

有些商品的主要成分相同或相似，但某些特殊成分赋予了商品一些品质特征，对这类商品进行分类时，应以特殊成分作为分类标志。

【例】 玻璃的主要成分是二氧化硅，因所含的特殊成分不同，可以区分为不同用途的玻璃，如钠玻璃、钾玻璃、铅玻璃、硅硼玻璃等。

以商品的主要成分或特殊成分作为分类的标志，商品分类准确，但对成分复杂或成分对商品品质的影响不明显的商品，不宜采用这种分类方法。

案例评析

海关商品归类属于国家商品分类体系的一个组成部分，需要依据国家商品分类的要求进行商品归类管理。元通公司对 A 海关的商品归类不服，没有采取正确的方式表达诉求、化解争议，反而采用更换申报海关的方式规避海关对其商品归类的纠正，最终导致自身必须承担违法的后果。

任务三　产品组合

案例导入

某百货商场经营的商品有日用百货类、服装鞋帽类、家用电器类等 10 个大类商品，其中家用电器类商品有电视机、电冰箱、空调器、洗衣机等 40 余个品类，400 余个品种规格。某专业电器商场同样也经营电视机、电冰箱、空调器、洗衣机等 30 余个品类，但经营的品种规格多达 1 500 个。

思考:

试分析两家商场的经营特色。

知识探究

一、认识产品组合

1. 产品组合的概念

产品组合又称商品组合，就是一个企业提供给市场的全部产品线和产品项目的组合或搭配，即企业经营产品的范围和结构。产品线是指具有相同的使用功能，或消费上有连带性的一组相关产品。产品项目是指产品线中在品牌、规格、款式、档次或价格等方面有所区别的具体产品。

【例】 某家电生产企业生产电冰箱、洗衣机、空调器、电视机四大类家电产品，总计 25 个品种规格，这个家电生产企业的 4 条产品线、25 个品种规格就构成了其产品组合。

2. 产品组合的构成要素

(1) 产品组合宽度。

产品组合宽度，也叫产品组合广度，是指一个企业所拥有的产品线的总数，它表明了一个企业经营产品种类的多少和经营范围的大小。

(2) 产品组合长度。

产品组合长度，是指一个企业产品组合中所包含的产品项目总数。

(3) 产品组合深度。

产品组合深度，是指某一产品线中产品项目的多少。

(4) 产品组合关联度。

产品组合关联度，是指产品组合中各个产品线之间在最终用途、生产技术、销售渠道以及其他方面的相关程度。

【例】 宝洁公司产品组合见表 1-3。

表 1-3　宝洁公司产品组合

	产品组合宽度						
	洗发护发用品	护肤美容用品	个人清洁用品	口腔护理用品	妇婴保健用品	家居护理用品	食品
	飘柔	玉兰油	舒肤佳	佳洁士牙膏	护舒宝卫生巾	碧浪	品客

产品组合深度	海飞丝	SK-Ⅱ	玉兰油	佳洁士牙刷	丹碧丝卫生棉	汰渍	……
	潘婷	封面女郎	激爽	……	帮宝适纸尿布	熊猫	……
	沙宣	……	……	……	……	……	……
	伊卡璐	……	……	……	……	……	……

从表1-3中可以看出：

（1）宝洁公司生产的产品有洗发护发、护肤美容、个人清洁、口腔护理、妇婴保健、家居护理、食品等7个大类，也就是宝洁公司有7条产品线，产品组合宽度是7。

（2）宝洁公司除食品外，产品品目总数是19个，表示该公司产品组合的长度是19。

（3）宝洁公司洗发护发用品有5个品牌，即宝洁公司洗发护发用品的产品组合深度是5。

（4）宝洁公司的产品，除了食品以外，其他产品几乎都是洗化护理行业的产品，说明宝洁公司的产品组合关联度很强。

二、产品组合策略的应用

在了解了企业产品线的现状之后，企业就可以针对产品组合中存在的问题，采取相应的措施，对现有产品线进行整顿，调整产品结构，使其达到最佳组合。

产品组合策略主要有扩大产品组合策略、缩减产品组合策略和产品线延伸策略三种，见图1-6。

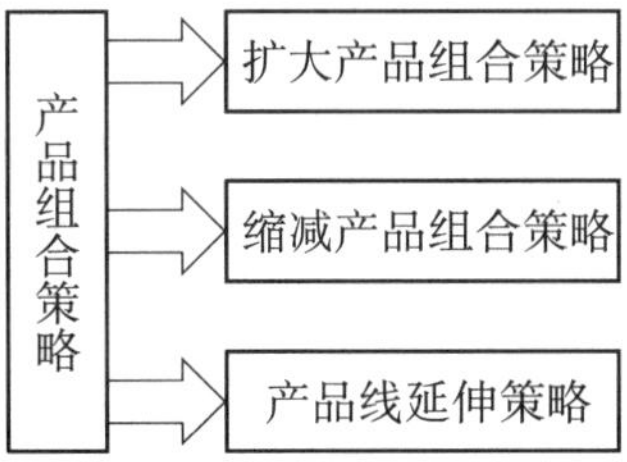

图1-6　产品组合策略

1. 扩大产品组合策略

扩大产品组合策略是指拓展产品组合的宽度，增加产品组合的长度和深度。拓展产品组合的宽度，是指在原产品组合中增加产品线，扩展产品经营范围；增加产品组合的长度和深度，是指在原有的产品线内增加新的产品项目。

【例】企业在原产品组合的基础上，增加与原产品相似的产品种类，或增加同一产品系列中产品规格、型号、款式、档次等。

2. **缩减产品组合策略**

缩减产品组合策略是指缩减产品组合的宽度和深度，实行集中经营。

【例】企业在市场不景气，或原材料供应紧张，或受到企业资源限制的情况下，可以考虑取消那些获利小的产品项目，缩小经营范围，以求集中资源，生产经营获利大的产品项目。

3. **产品线延伸策略**

产品线延伸策略是指企业把自己的产品线长度延伸到超过原有产品线的长度，即在原有的产品线内增加产品的花色、规格、款式或不同档次等新的产品项目。产品线延伸策略有向下延伸、向上延伸和双向延伸三种情况，见图 1－7。

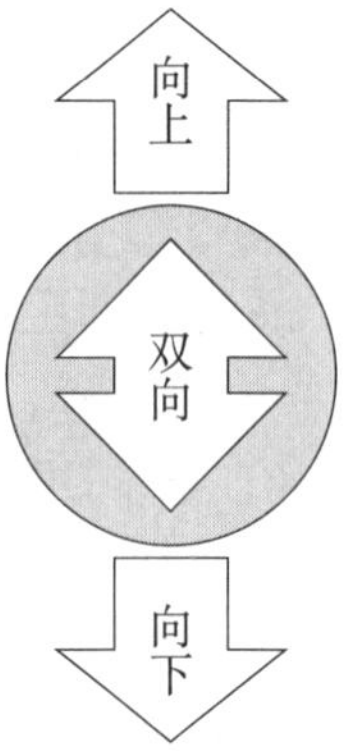

图 1－7　产品线延伸策略

(1) 向下延伸。

向下延伸，即原来定位生产经营高档产品的企业，现在利用相同的厂牌，增加中低档产品项目。企业采取向下延伸产品线策略的原因：一是借助企业高档名牌产品的声誉吸引购买力水平较低的顾客，扩大产品市场范围；二是高档产品市场增长缓慢，因此不得不将其产品线向下延伸；三是企业当初进入高档产品市场是为了建立品牌形象，然后再向下延伸，填补市场空白。

【例】宝洁公司的高档品牌形象赢得了良好的知名度和美誉度，但随着中国洗涤日化行业竞争的不断加剧，宝洁公司改变了策略，推出一系列低价位的产品，给竞争对手以有力的打击。

(2) 向上延伸。

向上延伸，即原来定位生产经营低档产品的企业，现在增加高档产品项目，以提高企业现有产品市场的声望。企业采取向上延伸产品线策略的原因：一是高档产品市场可能有较大的潜在增长率和较大的获利空间；二是企业的技术设备和生产能力已经具备了进入高档产品市场的条件，企业要重新进行产品线定位。

【例】20 世纪 60 年代率先打入美国摩托机车市场的日本本田公司，将其产品系列从低于 125CC 延伸到 1 000CC 的摩托车。雅马哈紧跟本田，陆续推出了 125CC、600CC、700CC 的摩托车，还推出一种三缸四冲程轴驱动摩托车，从而在大型旅行摩托车市场上与本田展开了有力的竞争。

（3）双向延伸。

双向延伸，是指原来定位于中档产品的企业，在具备了一定的市场优势以后，向产品线的上下两个方向延伸，既增加高档产品项目，又增加低档产品项目，力求全方位占领某一市场。

【例】20 世纪 70 年代后期，在钟表工业市场竞争中，日本精工以“脉冲星”为品牌推出了一系列低价表，从而向下渗透进低档产品市场。同时，它收购了一家瑞士公司，向上渗透进高价和豪华型手表市场，其中一种超薄型手表的售价高达 5 000 美元。

案例评析

两家商场经营的产品组合方式不同。百货商场经营的产品大类多，每一大类中的品种规格少，即经营的产品组合的宽度广，但产品组合的平均深度较浅；专业电器商场经营的商品虽大类少，但品种规格多，即产品组合的宽度较窄，而产品组合的深度较深，对于购买目的明确的顾客来说，在专业商场更容易购买到所需的理想产品。

任务四　商品品类管理认知

案例导入

美国沃尔玛超市发现了一个奇怪的现象：啤酒与尿不湿这两种看上去毫无关系的商品，却会经常出现在同一个购物篮中。经观察发现，这一行为发生在年轻的父亲身上。原来在美国有婴儿的家庭中，一般是母亲在家照看婴儿，由年轻的父亲前去超市购买尿不湿，父亲在购买尿不湿的同时又顺便为自己买回啤酒。沃尔玛想出一个奇招，在卖场将啤酒与尿不湿摆放在同一个区域进行销售，结果居然使啤酒和尿不湿的销售量大幅增加。

思考：

超市为什么要对商品进行品类管理?

知识探究

一、认识商品品类

在超市或商场，总会有一些商品是捆绑销售的，有时候还会将不同类别的商品摆放在一起销售。仔细研究就会发现，这些商品都是某一购买群体需要的，尽管这些商品的属性有所不同。捆绑销售的商品往往具有连带使用功能的特性，购买摆放在一起的不同类别商品的顾客，对这些不同类别的商品都有需求。这就促使零售商打破传统规范的商品分类体系，对所销售的商品按照消费者需求的特征重新进行分类经营，由此产生了商业意义上的商品品类的概念。

品类的概念是 20 世纪 90 年代中期由外资零售商带入国内的。国际知名的 AC 尼尔森公司给品类下的定义是：品类即“确定什么产品组成小组和类别，与消费者的感知有关，应基于对消费者需求驱动和购买行为来理解”。家乐福认为，“品类即商品的分类，一个小分类就代表了一种消费者的需求”。由此我们可以把商品品类理解为，商品品类是商品在消费者心目中具有的某种利益一致性的评价，即这种销售商品的组合方式应满足顾客同时进行多种购物的需要，方便顾客购买。评价商品同属一个品类的前提，是消费者对商品特性认知的共同性或一致性。

【例】有些超市或商场设置廉价商品专区，把一些价格比较低的不同种类商品摆放在一个销售区域进行销售，结果消费者会发现，他（她）所选购的商品并不是自己所要购买的目标商品，而商家却达到了促销的目的。

二、商品品类与商品分类的关系

商品分类和商品品类都是依据商品的某些特征对商品进行分类管理，但是商业经营中的商品品类与商品分类体系中的商品品类的分类依据和定义的商品范围有所不同。

国家商品分类体系是国家从宏观管理的角度，将工农业产品按门类划分，门类中设大类、中类、小类、品类或品目、品种或细目。这种商品分类方式，是对整个社会商品的系统进行分类管理。如食品类商品分为粮食类、油脂类、蔬菜水果类、肉食禽蛋类、糖果糕点类、烟酒饮料类、豆制品类、水产品类、乳及乳制品类、菌产品类、调味品类和其他类。商业经营中的商品品类的划分，则侧重于消费者对商品的感知，即商品在消费者心目中所表现出的共同特性，可以把具有共同特性的不同种类的商品划归为同一品类。

在国家商品分类体系中，每一种商品都可以找到自己的位置，而且这个位置是固定的；商业经营中的商品品类的划分则不严格规定某种商品在品类划分中的位置。

【例】洗发水在国家商品分类体系中的位置是日用工业品—家用化学品—洗涤用品—洗发水；而在超市，洗发水多摆放在化妆品区，有时也会摆在促销商品区。

三、超市经营中的商品分类方式

超市经营中的商品分类，与国家商品分类体系的分类目的不同。国家商品分类体系的分类目的，是对整个社会商品进行系统管理，而超市经营中的商品分类，则是出于商品经营的需要对商品进行的分类。超市经营中的商品分类方式主要有按商品群分类和按消费者消费习惯分类两种基本形式。

1. 按商品群分类

从超市经营的角度来看，商品群是具有某一经营特征的商品群体，它是超市、商场划分商品类别的重要依据。依据商品在经营中的地位，超市、商场把所经营的商品划分为主力商品、辅助商品、附属品和刺激性商品。

(1) 主力商品。

主力商品应是体现企业的经营方针、经营特点和企业性质的商品。主力商品还应该是销售量或销售金额在企业销售业绩中占举足轻重地位的商品。

超市经营的主力商品主要有三类：一是感觉的商品，即在商品的设计、格调上与超市形象相吻合的商品；二是季节的商品，即配合季节的需要，能够多销的商品；三是选购性商品，即与竞争者相比较，易被选择的商品。

(2) 辅助商品。

辅助商品是与主力商品具有相关性的商品，其特点是销售力比较好，对营销额和利润额能起稳定作用，主要类型有物美价廉的商品、常备的商品和日用品等。

(3) 附属品。

附属品是辅助商品的一部分，对顾客而言，也是易于购买的目的性商品。主要类型有易接受的商品、安定性商品和常用的商品。

(4) 刺激性商品。

刺激性商品是有目的地选择出的，能刺激顾客购买欲望的重点商品。这类商品主要有战略性商品、开发的商品和特选的商品。

2. 按消费者消费习惯分类

为了取得较好的销售效果，超市往往按照消费者的消费习惯，把消费者可能购买的关联性商品放在一起。按照经营商品的类别层次，有大分类、中分类、小分类等几个分类层次。

(1) 大分类的分类方法。

超市经营首先考虑卖场的规模，然后根据商品的特性和经营的特点划分商品大类。例如百货类商品，消费者选购的方式相近，管理的方式也相近，因此百货类商品可以归为同一大类经营。

(2) 中分类的分类方法。

中分类比大分类要细，可以选择一些依产品特征的分类标志进行中分类。

【例】某超市所经营商品的中分类方法，见表1-4。

表1-4　　超市经营商品中分类方法

分类依据	应用举例
商品的功能、用途	在糖果饼干大分类中划分出一个与“早餐关联”的中分类，可以把与早餐相关的商品都归到这一类里
商品的制造方法	在畜产品大分类中划分出一个“加工肉”的中分类，凡是加工肉制品都归为这个中分类
商品的产地	在大分类中划分出国产商品和进口商品的中分类，便于消费者比较消费

(3) 小分类的分类方法。

小分类的分类划分，可以参照中分类的划分方法，二者的区别是小分类划分的类别更细小。

【例】某超市经营商品的小分类方法，见表1-5。

表1-5 超市经营商品的小分类方法

分类依据	应用举例
商品的功能、用途	文具类、杂品类
规格、包装形态	袋装食品、瓶装饮料
商品的成分	果汁饮料、碳酸饮料
商品的口味	同一风味的小食品、无糖糕点

四、超市商品组合方法

超市商品组合方法主要有以下几种：

1. 按消费季节的组合法

比如在夏季可组合一个夏凉消费品商品群，在冬季可组合滋补品商品群，在旅游季节可推出旅游食品和旅游用品的商品群等，然后辟出一个区域或设立专柜销售。

【例】开学前组织学生用品群进行单品组合销售；在节日来临之际，组合节日礼品商品群等。

2. 按消费便利性的组合法

针对一些消费者追求便利的特性，可推出系列组合食品、系列方便用品等商品群，设立专柜组织供应。

3. 按商品用途的组合法

许多生活用品在超市中可能分属不同的部门和类别，但在实际使用中往往没有这种区分，如厨房系列用品、卫生间系列用品等，都可以用新的组合方法推出新的商品群。

案例评析

啤酒与尿不湿这两种看似毫无关联的商品，因“年轻的父亲”这一消费群体而产生了关联。不同类别的商品若拥有同一类消费者群体，超市经营就需要打破传统的商品分类管理模式，以不同消费者群体需求商品的一致性来划分所经营商品的类别，在最大限度满足消费者需要的前提下追求企业利益。

答疑解惑

商品与企业生产经营及人们的生活密切相关。管理者学习、掌握必要的商品知识，是搞好企业经营管理的基本前提；消费者学习、掌握必要的商品知识，有助于提高自身的消费质量，维护自身的经济利益。

项目小结

本项目由对商品含义的理解引出对商品基本属性、商品整体概念的认识和理解，进而从商品管理的高度提出了商品分类、产品组合、品类管理等概念，体现出商品管理是全书理论体系的核心。

商品是用来交换的人类劳动产品，具有使用价值和价值二重属性；商品的核心部分、形式部分和延伸部分构成商品的整体概念，是对广义的商品概念的理解；商品分类是指为了一定目的，选择适当的分类标志，将商品集合总体科学地、系统地逐级划分为门类、大类、中类、小类、品类以及品种、花色、规格。商品分类是国家管理社会商品的基本形式，也是企业搞好生产经营管理工作的基本前提。产品组合是一个企业提供给市场的全部产品线和产品项目的组合或搭配，它反映了企业的生产经营能力，影响企业在市场竞争中的形象和地位。商品品类管理又让我们从商品经营的角度重新认识了商品分类和产品组合的现实意义。

实训练习

一、基础训练

（一）判断题（正确的打“√”，错误的打“×”）

1. 商品是用来交换的劳动产品。(　　)

2. 自己采摘的野菜拿到市场上去卖就变成了商品。(　　)

3. 凡是商品都具有使用价值。(　　)

4. 商品的自然属性是指商品的使用价值，商品的社会属性是指商品的价值。(　　)

5. 产品组合宽度是指一个企业所拥有的产品线的总数。(　　)

6. 产品组合长度是指一个企业产品组合中所包含的产品项目总数。(　　)

7. 产品组合深度是指某一产品线中产品项目的多少。(　　)

8. 超市经营中商品分类的依据是商品经营的需要。(　　)

（二）单项选择题（请将你认为最合适的选项代号填入括号中）

1. 商品能够用来交换，是因为商品具有(　　)。

A. 价值　　B. 使用价值

C. 合理的价格　　D. 满足人们某种需要

2. 消费者购买某种商品时所追求的实际利益是指商品整体概念中的(　　)部分。

A. 形式　　B. 核心

C. 延伸　　D. 潜在利益

3. 商品分类的主要方法有(　　)。

A. 层级分类法　　B. 顺序分类法

C. 线分类法　　D. 混合分类法

4. 商品分类是(　　)的需要。
A. 企业生产　　B. 商品销售
C. 商品管理　　D. 方便选购
5. 拓展产品组合的宽度、增加产品组合的长度和深度的产品组合策略是(　　)。
A. 扩大产品组合策略　　B. 缩减产品组合策略
C. 产品线延伸策略　　D. 产品线发展策略
6. 商品品类划分的依据是(　　)。
A. 商品在生产上的共性　　B. 商品在消费方面的共性
C. 商品价值的高低　　D. 消费者对商品的感知
7. 超市经营中的主力商品指的是(　　)。
A. 经营品种最多的商品
B. 质量最好的商品
C. 企业自有品牌商品
D. 销售量或销售金额在商场销售业绩中占举足轻重地位的商品
(三) 多项选择题 (选择两个或两个以上的选项代号填入括号中)
1. 下列选项中，属于商品的整体概念部分的是(　　)。
A. 核心部分　　B. 潜在部分
C. 形式部分　　D. 延伸部分
2. 消费者购买商品，是为了得到(　　)。
A. 商品的实体　　B. 占有它的满足感
C. 商品给人们带来的实际利益　　D. 商品的功能或效用
3. 商品分类按层级分为(　　)。
A. 大类、中类、小类和细目　　B. 一等品、二等品、三等品
C. 优质品、合格品、等外品　　D. 一类商品、二类商品、三类商品
4. 我国商品分类体系将工农业产品划分为(　　)等商品类别。
A. 商品大类　　B. 商品中类
C. 商品小类　　D. 商品品类
5. 下列选项中，属于产品组合策略的是(　　)。
A. 扩大产品组合　　B. 缩减产品组合
C. 维持产品组合　　D. 产品线延伸
6. 下列选项中，属于产品线延伸策略的是(　　)。
A. 向上延伸　　B. 向下延伸
C. 双向延伸　　D. 反向延伸
7. 下列超市商品分类形式中，属于按商品群分类的是(　　)。
A. 大分类　　B. 中分类
C. 小分类　　D. 细目分类
8. 下列选项中，属于超市商品组合方法的是(　　)。
A. 按消费季节的组合法　　B. 按消费便利性的组合法
C. 按商品用途的组合法　　D. 按国家商品目录组合分类组合法

二、拓展训练

任务：到商场进行实地考察，观察不同消费者群体在选购同一种商品时的不同反应。

要求：将各类消费者对该商品的不同反应做对比，分析消费者的心理活动。

目的：了解消费者对商品选择的依据。

训练方式：小组集体走访调查，写出简要的分析报告。

项目二 商品质量及质量管理

问题引入

曾有机构对我国32个大城市15 000名被调查者进行了一项“中国百姓品牌意识”问卷调查，当问到“你认为什么是品牌”时，被调查者中90.16%的人认为“首先是产品质量好”。为什么消费者会有这样趋于一致的质量意识呢？其根本原因是商品质量关系到消费者的切身利益。事实上，商品质量不仅关系到消费者的切身利益，也关系到企业的生存与发展。因此，企业经营管理者和广大消费者都有必要学习、掌握相关的商品质量知识，以维护自身的经济利益。

任务导读

本项目从人们本能的商品质量意识开始，引导学生进入学习商品质量知识的情境，激发学生学习商品质量知识的兴趣。

学习目标

- 了解商品质量的含义和商品质量的基本要求
- 了解商品标准，熟悉商品检验的基本方法

- 初步认识有关商品质量监督和质量认证问题
- 通过实训练习，提高学生识别商品质量的能力

任务一 商品质量认知

案例导入

降落伞的故事

在第二次世界大战中期，美国降落伞的安全度还不够完美，即使降落伞制造商生产的降落伞良品率已经达到了99.9%，但是美国空军却对这个公司说“No”，他们要求所交付降落伞的良品率必须达到100%。于是降落伞制造商的总经理便专程去飞行大队商讨此事，看是否能够降低这个标准。因为厂商认为，能够达到这个程度已接近完美了，没有什么必要再改。美国空军一口回绝了他，因为品质没有折扣。后来，军方要求改变检查品质的方法。那就是从厂商前一周交货的降落伞中，随机挑出一个，让厂商负责人装备上身后，从飞行中的飞机上跳下。这个方法实施后，不良率立刻变成零。

资料来源：百度文库.

思考:

案例中“品质没有折扣”的质量标准给我们什么启示？

知识探究

一、商品质量的含义

1. 商品质量的基本含义

《质量管理和质量保证术语》（GB/T6583—1994）对商品质量做了如下定义：商品满足规定或潜在要求的特征和特性的总和。要准确地理解这个定义，还需要理解其中的几个关键术语。

（1）定义中的“规定”，可以理解为国家或国际有关法规、质量标准或买卖双方的合同要求等方面的人为的规定。

（2）定义中的“潜在要求”可以理解为顾客或社会对商品的适用性、安全性、卫生

性、可靠性、耐久性、美观性、经济性、信息性等方面的期望。

（3）定义中的“特征”是指用来区分同类商品、不同品种的特别显著标志。比如电风扇，由于结构不同可分为台扇、落地扇、壁扇、吊扇等多种结构类型。

（4）定义中的“特性”是指不同类商品所特有的性质。如服装的基本功能是御寒，食物的基本功能是充饥等。特性是一种商品区别于其他商品的功能属性标志。

2. 狭义的商品质量和广义的商品质量

狭义的商品质量是指商品与其规定标准技术条件的符合程度，它以国家或国际有关法规、商品标准或订购合同中的有关规定作为最低技术条件，是商品质量的最低要求和合格的依据。

广义的商品质量是指商品适合其用途所需的各种特性的综合及其满足消费者需求的程度。它不仅指商品的各种特性能够满足需要，而且包括价格实惠、交货准时、服务周到等内容。

二、商品质量的层次性表现

商品质量是一个综合性的概念，它涉及商品本身及商品在生产、流通、消费等过程中在诸多因素的影响下所形成的质量表现。现代市场观念认为，商品质量的层次性表现为商品的内在质量、外观质量、社会质量和经济质量等几种形态，如图 2－1 所示。

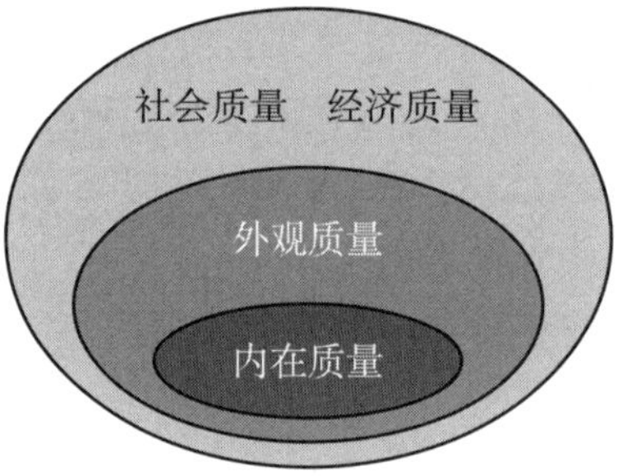

图 2－1　商品质量的层次性表现

（1）商品的内在质量是指商品在生产过程中形成的商品体本身固有的特性，包括商品实用性能、可靠性、寿命、安全性与卫生性等。它构成商品的实际物质效用，是最基本的质量要素。

（2）商品的外观质量是指商品的外表形态，包括外观构造、质地、色彩、气味、手感、表面疵点和包装等，是人们选择商品的重要依据。

（3）商品的社会质量是指商品符合社会利益需要的程度，如是否违反社会道德、对环境造成污染、浪费有限资源和能源等，体现出与社会利益的一致性。

（4）商品的经济质量是指人们对商品的性能与价格的比较。根据这一比较，人们希望以尽可能低的价格获得优良性能的商品，并且在消费或使用中支付尽可能低的使用和维护费用。

商品的内在质量和外观质量是由商品本身的自然属性决定的，商品的社会质量和经济质量则是由商品的社会效应决定的，是同一商品体所包含的二重属性。

三、商品质量的动态性表现

人类社会不同历史时期的生产力发展水平不同，对同一商品质量的要求也不同。因此，商品质量是一个动态的、发展的概念。商品质量的动态性表现在时间、空间、消费对象、使用环境、市场环境和资源环境等几个方面，如图 2－2 所示。

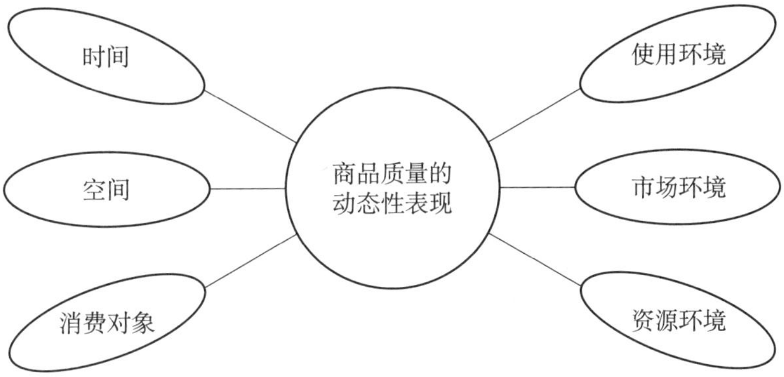

图 2－2 商品质量的动态性表现

（1）时间。从时间上看，随着时间的推移，科学技术在不断进步，商品质量呈现不断提高的趋势，商品更新换代的速度越来越快，社会对商品质量评价的标准也会随着时间的推移而作出调整。

（2）空间。从空间上看，不同国家、不同地区，由于社会经济发展水平不同，生活习俗、消费观念、消费结构等都会存在差别，人们对同一类商品质量的要求也会有所不同。

（3）消费对象。不同消费者因年龄、性别、职业、文化程度、收入水平、社会地位的不同，对商品质量会有不同的要求。

（4）使用环境。不同使用环境条件，对同一商品的质量要求也会有所不同。如人们对不同环境穿着的服装的质量要求是不同的。

（5）市场环境。在不同的市场环境条件下，人们对商品质量的要求也会发生微妙的变化。如商品供应充足时，消费者对消费品质量的要求会趋于提高；供应不足时，人们又会淡化质量观念。

（6）资源环境。资源丰歉有别，对商品的质量要求亦不同。

四、影响商品质量的因素

商品质量的形成是多种因素综合作用的结果，其中生产性因素是形成商品质量的决定性因素，其他因素如流通性因素和消费性因素，对商品质量的形成也有一定影响，如图 2-3 所示。

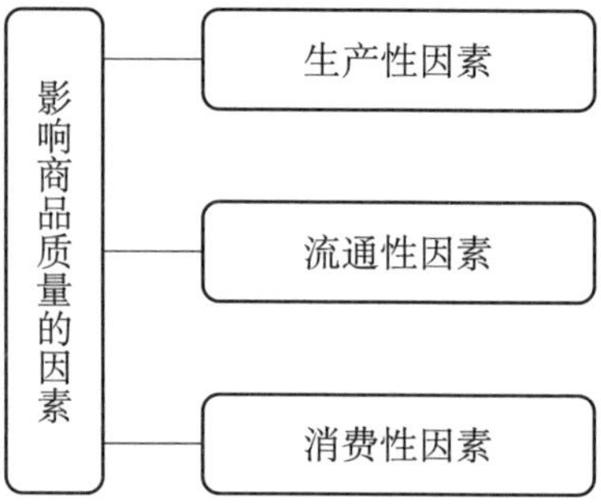

图 2-3　影响商品质量的因素

1. 生产性因素

（1）产品设计。

产品的设计质量是形成商品质量的基础。

（2）原材料质量。

原材料是构成商品最原始的物质材料，原材料质量是决定商品质量的首要因素。

（3）生产工艺。

生产工艺对商品质量的形成起决定性作用。

（4）质量控制。

生产过程的质量控制对商品质量的形成起监控作用。

（5）成品检验与包装。

成品检验与包装是生产领域商品质量控制的最后一道环节，对商品质量起把关的作用，决定商品进入市场前的质量水平。

2. 流通性因素

流通过程对商品质量的影响主要体现在运输、储存、销售等几个环节。

（1）商品运输装卸。

运输装卸对商品质量的影响，与运程的远近、运输时间长短、运输路线、运输方式、运输工具以及装卸搬运条件和方式等因素有关。如商品在运输、装卸、搬运过程中可能会发生碰撞、跌落、散失等现象，导致商品损坏、数量缺失等。另外，商品在运输过程中还会受到温度、湿度、风吹、日晒、雨淋等气候变化的影响，导致商品质量降低。

（2）商品储存。

商品在储存期间的质量变化，与储存场所的环境条件、商品养护的技术措施以及储存时间的长短等因素有关。如一些商品会受储存环境温度、湿度变化的影响而使商品质量发生劣变；微生物会造成部分商品发生霉变或腐败变质；虫、鼠等生物危害会直接污染、损坏商品等。在仓储期间，通过一系列质量维护与保养措施，可以有效地减少或避免商品质量劣变。

（3）商品销售。

在销售过程中，需要对商品进行出入库装卸搬运、样品陈列、装配调试、分拆包装以及送货、退换货服务等各项作业。这些环节的工作都会对商品质量造成影响。

3. 消费性因素

各种商品都有自己的特性、使用范围和使用条件，使用或消费的方法不当，不仅会影响商品功能的正常发挥，甚至会损坏商品。

（1）使用范围和条件。

商品都有一定的使用范围和使用条件，超出商品的使用范围和使用条件，就会导致商品损坏。如家用电器不按规定的电压值使用就无法正常工作，甚至损坏，机械设备超负荷运转会发生事故等。

（2）使用方法和维护保养。

如果消费者不了解商品的一些基本性质，使用方法不当，就会影响商品质量，缩短商品的使用寿命，给消费者带来经济上的损失。如服装的洗涤、熨烫、保养方法不当，就会过早地损坏或变旧。为使商品的功能得到正常发挥，延长商品的使用寿命，在了解商品的结构、性能、特点的基础上，还需具备一定的商品日常维护与保养常识，掌握正确的使用和保养方法。

案例评析

开篇案例给出了“品质没有折扣”的质量标准，说明了质量问题对消费者的重要性。对商家来说，99.9%的良品率已经近乎完美，但是对消费者来说，0.1%的质量问题落到某一位消费者身上就是100%的不合格。千分之一的差错，如果放大到一个百万人口的中等城市，就会有 1 000 个人受到伤害，这是一个多么可怕的数字。所以商品质量不能打折。

任务二　商品标准认知

案例导入

对外贸易中有关商品标准问题

A 公司从国外进口一批油剂，合同规定该商品品质以该国××年标准为准。货物到达目的港后，发现商品质量有异，于是请商检部门进行检验。商检部门经查发现该国××年没有该油剂的规格标准，因此商检人员无法检验，从而使 A 公司对外索赔失去了根据。

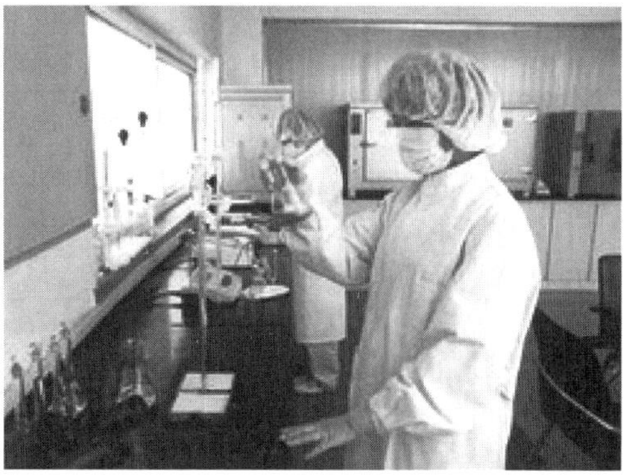

思考：

国内贸易或对外贸易中的商品交换，为什么要以商品标准为依据？

知识探究

一、认识标准

1. 什么是标准

认识事物的性质和状态需要有一个判别、衡量的尺度或依据，能够用来辨别事物性质和状态的尺度或依据就是标准。标准是衡量事物的准则。没有统一的标准，对事物的评价、判断就失去了依据。

制定标准的最权威国际组织是国际标准化组织（ISO)。国际标准化组织给“标准”的定义是：“标准是由一个公认的机构制定和批准的文件。它对活动或活动的结果规定了规则、导则或特殊值，供共同和反复使用，以实现在预定领域内最佳秩序的效果。”

我国参照国际标准化组织的定义，在国家标准 GB/T 3935.1—83 中对标准的定义是：“标准是对重复性事物和概念所做的统一规定，它以科学、技术和实践经验的综合为基础，经过有关方面协商一致，由主管机构批准，以特定的形式发布，作为共同遵守的准则和依据。”

理解标准的概念，应把握好以下几个要点：

（1）标准的本质属性是一种“统一规定”，是针对某类事物所做出的一种要求人们共同遵守的统一规定或规范。

（2）标准的对象是重复性事物和概念。重复性事物和概念具有重复出现的特性，认识这类事物，可以用统一的标准作为今后重复进行此项工作的衡量尺度或依据，最大限度地简化工作程序，减少不必要的重复劳动。

（3）标准产生的客观基础是“科学、技术和实践经验的综合成果”。

（4）标准的制定需经相关利益方协商一致，并由主管机构或团体批准。这样制定出来的标准才具有权威性，才能被相关利益方所接受和认可。

（5）标准有自己的一套特定写作格式，并由主管机构批准，以特定形式发布。这样既可保证标准的质量，又体现了标准的严肃性，同时也赋予标准法规的特性。

2. 标准的层级分类

按标准的制定者和适用范围，可以将标准划分为国际标准、区域标准、国家标准、行业标准、地方标准和企业（公司）标准等不同层次和级别。见表 2－1。

表 2－1　　标准的层级分类

标准类型	描述	举例
国际标准	国际标准是由国际上权威专业组织制定发布，并为世界上大多数国家承认和采用的标准。	例：国际标准化组织、国际电工委员会、联合国粮农组织、国际羊毛局等国际组织制定和发布的标准
区域标准	区域标准是由国际地区性或国家集团性标准化组织制定和发布的标准	例：欧洲标准化委员会制定、发布的标准，主要在西欧国家通行
国家标准	国家标准是由国家标准团体制定并公开发布的标准	例：中国国家标准 GB、美国国家标准 ANSI。国家标准仅在该国家范围内适用

续前表

标准类型	描述	举例
行业标准	行业标准是由行业标准化团体或机构制定、发布的，在某行业的范围内统一实施的标准	例：NY1234—2000，表示 2000 年发布的第 1234 号强制性农业行业标准
地方标准	地方标准是由一个国家的地方部门制定并公开发布的标准	例：DB11/042—2002，表示 2002 年发布的第 42 号强制性北京市地方标准
企业标准	企业标准是指由企业制定发布，在该企业范围内统一使用的标准	例：Q/EGF002—2002，表示 2002 年发布的北京市某企业的第 2 号企业标准

二、认识商品标准

1. 商品标准

商品标准是标准的一个组成部分，是对商品质量以及与质量有关的各个方面（如商品的品名、规格、性能、用途、使用方法、检验方法、包装、运输、储存等）所做的统一技术规定，是评定、监督和维护商品质量的准则和依据。

商品标准由主管部门批准、发布后，就是一种技术法规，具有法律效力，同时，也具有政策性、科学性、先进性、民主性和权威性，是贸易各方在商品质量出现争议时执行仲裁的依据。

2. 商品标准的分类

依据不同的标准，商品标准有不同的分类，常见的商品标准分类见表 2-2。

表 2-2　　常见的商品标准分类

分类依据	标准类型	标准描述	举例
按商品标准的表达形式划分	文件标准	文件标准是以文字（包括表格、图形等）的形式对商品质量所做的统一规定	绝大多数商品标准都是文件标准。文件标准在开本、封面、格式、字体、字号等方面都有统一明确的规定
	实物标准	实物标准是指对某些难以用文字准确表达的质量要求（如色泽、气味、手感等），由标准化主管机构或指定部门用实物做成与文件标准规定的质量要求完全或部分相同的标准样品，作为文件标准的补充。实物标准又分为全国基本标准和地方仿制标准。实物标准样本每年都需要更新	例：国家制作的粮食、茶叶、羊毛、蚕茧等农副产品实物标样，是地方收购部门划分收购物资等级标准的实物样本
按标准的约束程度不同划分	强制性标准	强制性标准又称法规性标准，是由国家法规规定，要求强制实行的标准	例：国家规定的强制性标准主要有：药品标准，食品安全标准，工程建设的质量、安全、卫生标准，环境质量标准等
	推荐性标准	推荐性标准是国家鼓励企业自愿采用，自愿认证，不具有强制性的标准。这种标准允许使用单位结合自己的实际情况，灵活地加以选用	例：鲜、冻肉生产的良好操作规范，食品中淀粉含量的测定，水果、蔬菜及其制品中钠、钾含量的测定等

案例评析

商品标准是规范商品生产、评价商品质量、解决贸易争端的准则和依据。在国际贸易中，贸易双方都会引用某种标准作为说明和评定商品品质的依据。如果该商品没有标准或标准已经失效，就失去了评价商品质量的依据。在我国的实际业务中，凡我国已规定有标准的商品，为了便于安排生产和组织货源，通常采用我国有关部门规定的标准成交，也可以酌情采用国外规定的品质标准。

任务三　商品检验认知

案例导入

某公司从国外采购一批特殊器材，指定由国外某检验机构负责检验合格后才能收货。后接到指定检验机构的报告，报告称质量合格，但在其报告附注内说明，此项报告的部分检验记录由制造商提供。

思考：

买方能否接受这批货物？

知识探究

一、对商品检验的理解

商品检验是指商品的产（销）方、买方或者第三方依据商品标准、合同，或国内国际有关法律、法规，运用一定的检验技术和方法，综合评定商品质量，做出合格与否和等级判定的鉴别活动。

商品检验的目的，是运用科学的检验技术和方法，正确地评价商品质量。商品检验的任务是从商品的用途和使用功能出发，鉴别分析商品的成分、结构、性质及其对商品质量的影响，判定商品质量的优劣。

商品检验的意义在于，商品检验对生产企业、流通企业以及消费者而言，都是一项不可缺少的商品质量把关流程。生产企业通过对商品生产过程从原材料、半成品到成品各环节的质量检验，起到质量把关的作用，以此来保证商品质量，促进商品质量不断提高，维护企业和商品形象；商业部门通过在商品流通各环节的商品检验，可以有效防止假冒伪劣商品进入流通领域，维护国家、企业和消费者的利益。

二、商品检验的依据

为了体现商品检验的科学性、公正性和权威性，确定商品检验的依据是国家有关商品质量法规、商品标准以及购销合同，如表 2-3 所示。

表 2-3　　商品检验的依据

检验的依据	检验描述
商品质量法规	国家有关商品质量的法律、法令、条例、规定等，规定了国家对商品质量的要求，是保障国家和交换各方合法权益的法律依据，具有足够的权威性、法制性和科学性
商品标准	商品标准是国家标准化组织对商品质量作出的统一技术规定，是生产、验收、使用、洽谈贸易的技术规范，也是商品检验的主要依据
购销合同	购销合同是供求双方共同约定的质量标准，合法有效的合同具有法律效力，一旦发生质量纠纷，购销合同的质量约定就成为质量仲裁和检验的法律依据

三、商品检验的内容

商品检验的基本内容包括商品的品质、数量、重量、包装质量以及卫生和安全性能等，如表 2-4 所示。

表 2-4　　商品检验的基本内容

检验的项目	检验描述
品质检验	应申请人的要求，根据合同或有关标准的规定，运用各种检验手段（包括感官、物理、化学、生物学和微生物学等检验手段）对商品的品质进行评定，判定商品的质量是否符合规定的质量条件
数量和重量检验	商品的数量和重量检验包括商品的个数、长度、面积、体积、容积、重量等的检验
包装质量检验	包装质量检验是指根据购销合同、标准和其他有关规定，对商品的内、外包装以及包装标志进行的检验。具体包括内、外包装物的包装材料、材质、包装结构、造型等对商品储存、运输、销售的适应性，以及包装体的完好程度、包装措施的牢固度和包装标志的正确度、清晰度等
卫生检验	卫生检验主要是根据《化妆品卫生监督条例》《中华人民共和国药品管理法》等法规，对药品、化妆品等进行的卫生检验
安全性能检验	安全性能检验是对商品有关安全性能方面的项目进行的检验，如易燃、易爆、放射性、易触电、易受毒害、易受伤害等，以保证生产使用和生命财产的安全

四、商品检验的类别

按不同的检验标志，商品检验可以划分为如表 2-5 所示的几类。

表 2-5 商品检验的类别

检验类别	检验形式	检验形式描述
按商品检验的主体分类	生产检验	又称第一方检验、卖方检验，是由生产企业或其主管部门自行设立的检验机构对所属企业生产的商品的自检活动
	验收检验	又称第二方检验、买方检验，是商品的购买方为了维护自身及顾客的利益，保证其所购商品符合合同或标准规定所进行的检验
	第三方检验	又称公证检验、法定检验，是指处于交易双方利益之外的第三方，以公正、权威、中立的身份，依据有关法律、合同或标准对商品进行的检验。如公证鉴定、仲裁检验、国家质量监督检验等
按检验是否具有破损性分类	破损性检验	是指为取得必要的质量信息，经测定、试验后的商品遭受破坏的检验。如对加工食品罐头、饮料的检验
	非破损性检验	是指经过检验的商品仍能发挥其正常使用性能的检验。如电器类、纺织品类、黄金首饰等外观质量的检验
按被检验商品的数量分类	全数检验	是指对被检验商品逐一进行的检验，它适合于批量小、质量特征少且质量不稳定、较贵重的商品检验
	抽样检验	是指按事先确定的抽样方案，从被检验商品中随机抽取样品，再对样品逐一进行检验
	免于检验	是指对商品质量保证体系良好、质量控制完备、成品质量长期稳定的生产企业所生产的产品，在企业自检合格后，商业和外贸部门可以直接接收货物，免于检验

五、商品检验方法

商品检验的方法因项目的不同而不同，需要按照有关标准或技术规定的要求执行。具体的检验方法有感官检验法、理化检验法和生物学检验法。

1. 感官检验法

感官检验法是以人体感觉器官作为检验工具，对商品的色、香、味、形、手感、音质、音色等感官质量特性做出判定和评价的检验方法。

感官检验法简便易行、快速灵活、成本较低，特别适用于目前还不能用仪器定量评价其感官指标的商品检验。

可采用感官检验法的商品主要有食品、纺织品、日用工业品、化妆品以及化工商品等。感官检验依据检验时主要使用的感觉器官的不同，分为视觉检验、嗅觉检验、味觉检验、听觉检验和触觉检验。感官检验法的基本形式见表 2-6。

表 2-6　感官检验法的基本形式

检验方法	检验方法描述	应用范围
视觉检验	通过视觉器官检查商品的外形、结构、色泽、外观疵点等质量特性的检验方法	凡是能直接用肉眼分辨质量指标的商品检验，都可以使用这种检验方法
嗅觉检验	凭借嗅觉器官（鼻子）来鉴定商品气味，评定商品品质的检验方法	广泛应用于食品、药品、化妆品、香精、香料等商品的质量检验
味觉检验	利用人的味觉器官（口腔和舌头）对有滋味和口感要求的商品进行味觉特征的鉴定的检验方法	主要用来检验食品
听觉检验	利用人的听觉器官，对商品发出的声音进行检查，并用来评定商品质量的检验方法	检验玻璃制品、瓷器、金属制品有无裂痕或其他内在缺陷；评价以声音作为重要指标的乐器、家用电器等商品；评定食品的成熟度、新鲜度和冷冻程度等
触觉检验	利用人的触觉器官感受商品的物理特征，如手感、弹性、硬度、光滑程度、厚度、紧密程度等，并对商品的品质做出判定的检验方法	常用来对纸张、塑料制品、纺织品、食品以及其他日用工业品表面质量特性进行检验。触觉检验时，应注意环境条件的稳定和保持手指皮肤处于正常状态

2. **理化检验法**

理化检验法是在实验室，利用各种仪器、器具和试剂等，运用物理的和化学的方法来测试商品质量的方法。它主要用来检验商品的成分、结构、物理性质、化学性能、安全性、卫生性等。

理化检验法的特点是可以用数据定量表示测定结果，其检验的结论较感官检验更客观和精确，但对检验设备、检验条件和检验人员素质的要求也较高。理化检验法根据其使用原理，可分为物理检验法、化学检验法。

（1）物理检验法。

物理检验法是运用各种物理仪器、量具对商品的各种物理性能和指标进行测试检验，以确定商品质量的方法。根据测试检验的内容不同，可分为度量衡检验、力学检验、热学检验、电学检验和光学检验等几类，见表 2-7。

表 2-7　商品检验物理检验法的类型

检验方法	检验方法描述	应用范围
度量衡检验	利用各种量具、量仪或专业仪器来测定商品的长度、宽度、细度、厚度、体积、密度、容重、表面光洁度等物理特性的检验方法	应用于有规格、尺寸、体积、重量等物理量要求的商品检验
力学检验	利用各种力学仪器测定商品的力学性能的检验方法	应用于有抗拉强度、抗压强度、抗冲击强度、硬度、弹性、耐磨性等要求的商品检验
热学检验	使用热学仪器测定商品热学特性的检验方法	应用于有熔点、凝固点、沸点、燃点、耐热性、耐寒性、热稳定性、导热性、保温性等热学性质要求的商品检验

续前表

检验方法	检验方法描述	应用范围
电学检验	利用电学仪器测量商品电学特性的检验方法	应用于检验电器类商品的电学性质指标，如电流、电压、电阻、电容、电功率、导电率、介电常数、电击穿性能等
光学检验	利用光学仪器（如光学显微镜、折光仪、旋光仪等）来检验商品光学特性的检验方法	应用于有光学性能方面表现的商品检验，如商品的细微结构、金属制品的无损检验以及通过对液体商品透射率的检验确定商品的纯度等

（2）化学检验法。

化学检验法是运用各种化学试剂和仪器，对商品的化学成分及其含量进行分析和测定，进而判定商品品质的检验方法。化学检验法按其检验操作的方式，可分为化学分析法和仪器分析法，见表2-8。

表2-8 商品检验化学检验法的类型

检验方法	检验方法描述	应用范围
化学分析法	根据检验过程中试样和试剂所发生的化学反应，以及在化学反应中试样和试剂的用量，测定商品的化学组成成分以及各成分所占比例，即相对含量的检验方法	常用的化学分析法有重量分析法、滴定分析法、气体分析法
仪器分析法	采用光学仪器、电学仪器，通过测量商品的光学性质、电化学性质来确定商品的化学成分的种类、含量以及化学结构，以判断商品品质的检验方法	仪器分析法适用于微量成分含量的分析

3. 生物学检验法

生物学检验法是食品、动植物及其制品、医药类商品质量检验常用的方法之一，包括微生物学检验法和生理学检验法，见表2-9。

表2-9 商品检验生物学检验法的类型

检验方法	检验方法描述	应用范围
微生物学检验法	利用显微镜观察法、培养法、分离法和形态观察法等，对商品中有害微生物存在的种类及数量进行检验，并判定其是否超过允许限度的一种检验方法	食品、药品、化妆品等商品卫生质量检验
生理学检验法	以特定的人群或动物为受试对象，测定食品可消化率、发热量以及食品中的某一成分对肌体的作用等的检验方法	检验时常用鼠、兔等动物进行试验

案例评析

买方不能接受货物。因为买方之所以要求卖方出具某检验机构签发的检验报告，目的是让指定检验机构检验货物，避免因检验报告是卖方自己出具的而可能出现的内容不真实问题，且检验机构对其签发的检验报告负有保证其真实性的责任。案例中指定检验部门出具的检验报告，尽管说明器材质量合格，但也言明部分检验记录由制造商提供，这说明检验机构未尽到自己的责任，对买方来说，接受这种检验报告风险很大。所以买方不能凭此检验报告接受货物。

任务四　国家对商品质量的管理

案例导入

如何辨别众多食品认证标识？

在超市我们可以看到，越来越多的认证标识出现在各类食品包装上，不仅有 QS“质量安全”认证，还有 HACCP“食品安全管理体系”认证、绿色食品认证、有机食品认证、ISO 认证、GMP 认证等众多不同形式的认证。往往一项食品的包装上标有多个认证标识，不但消费者分辨不清，就连一些销售人员也“说不清”。

思考:

你认识这些食品认证标识吗?

知识探究

在现代市场经济条件下，宏观调控与管理是国家对社会经济运行管理的主要手段。国家对社会商品管理也是采取宏观调控与管理的方式，具体的管理形式是实行商品质量监督和产品质量认证制度。

一、商品质量监督

1. 什么是商品质量监督

商品质量监督是指由国家指定的商品质量监督专门机构，按照国家质量法规和商品质量标准的规定，对生产和流通领域的商品质量和质量保证体系进行监督的活动。

对商品质量监督定义的理解，要把握以下几点：

（1）商品质量监督的依据是政府的法令或规定，主要是国家的质量法规和批准发布的正式标准（主要是强制性标准）。

（2）实施商品质量监督的职能部门是由国家授权的法定机构。在我国，国务院下设国家市场监督管理总局负责全国产品（商品）质量监督工作。县级以上地方人民政府设置市场监督管理局，负责本行政区内的产品（商品）质量监督工作。

（3）商品质量监督的对象是商品和质量保证体系。商品质量是指生产和流通领域的商品质量；质量保证体系是指为实施质量管理所需要的组织、结构、程序、过程和资源，它是一个质量保证系统。

（4）商品质量监督的手段是监督检验。商品质量监督检验由政府规定的商品检验机构执行，属于第三方检验。

2. 商品质量监督的种类

根据实施监督的部门不同，商品质量监督可分为国家的质量监督、社会的质量监督和用户的质量监督，见表2-10。

表2-10　商品质量监督的种类

类型	内容	应用
国家的质量监督	国家授权指定第三方专门机构，以公正的立场对商品进行的质量监督检查	由国家市场监督管理总局依法组织有关省级市场监督管理局，对生产、销售的产品实行定期或不定期的质量抽查和检验，公开公布产品质量抽查检验结果，并根据国家有关法规及时处理质量问题
社会的质量监督	社会组织、新闻机构等，根据消费者和用户对商品质量的反映，对流通领域的某些商品质量进行的监督检查	从市场一次抽样，委托第三方检验机构进行质量检验和评价，将检验结果特别是不合格商品的质量状况和生产企业名单予以公布，以营造强大的社会舆论压力，迫使企业改进质量，停止销售不合格商品，并对消费者和用户承担质量责任
用户的质量监督	内、外贸部门和使用单位为确保所购商品的质量而进行的质量监督	采购单位在采购商品时，进驻商品生产企业进行质量监督，以便及时发现问题，保证所采购商品质量符合规定的要求

3. 商品质量监督的形式

商品质量监督的形式主要有抽查型质量监督、评价型质量监督和仲裁型质量监督三种，见表2-11。

表2-11　商品质量监督的形式

类型	内容	应用
抽查型质量监督	国家质量监督机构通过对从市场或企业抽取的商品样品进行监督检验，判定其质量，并对生产不合格产品（商品）的企业采取强制措施，督促企业改进质量，直至达到商品标准要求的一种质量监督活动	一般只抽检商品的实物质量，不检查企业的质量保证体系。抽查的主要对象是涉及人体健康和人身财产安全的商品，影响国计民生的重要工业产品，重要的生产资料商品和消费者反映有质量问题的商品
评价型质量监督	国家质量监督机构通过对企业的产品质量和质量保证体系进行检验和检查，做出综合质量评价，对考核合格者颁发产品质量认证书、产品质量认证标志等，确认和证明产品已经达到某一质量水平，并向社会提供质量评价信息的一种质量监督活动	评价型质量监督是国家干预产品质量、进行宏观管理的一种重要形式，主要活动方式有产品质量认证、企业质量体系认证、环境标志产品认证、评选优质产品、制定产品统一检验制度和生产许可证发放等

续前表

类型	内容	应用
仲裁型质量监督	质量监督检验机构通过对有质量争议的商品进行检验和质量调查，分清质量责任，做出公正处理，维护经济活动正常秩序的一种质量监督活动	仲裁型质量监督具有较强的法制性管理的特征，由省级以上人民政府产品质量监督管理部门或其授权的部门审查认可的质量监督检验机构作为仲裁检验机构

二、产品质量认证

1. 产品质量认证的含义

产品质量认证是一种评价型质量监督形式。根据《中华人民共和国产品质量认证管理条例》第二条的规定，产品质量认证是依据产品标准和相应技术要求，经认证机构确认并通过颁发认证证书和认证标志来证明某一产品符合相应标准和相应技术要求的活动。

产品质量认证包括以下几个要点：

（1）产品质量认证的依据是标准。即具有国际水平的国家标准、地方标准、行业标准和相应的技术要求。

（2）质量认证的对象是产品。

（3）产品质量认证的机构是可以充分信任的第三方。依据《中华人民共和国产品质量认证管理条例》的规定，国务院标准化行政主管部门统一管理全国的认证工作，可以直接设立或者授权国务院其他行政主管部门设立行业认证委员会负责认证工作的具体实施。县级以上（含县级）地方人民政府标准化行政主管部门在本行政区域内，对认证产品进行监督检查。

（4）质量认证的批准方式是颁发认证证书和认证标志。

2. 产品质量认证的分类

按认证的范围分，产品质量认证可分为国家认证、区域认证、国际认证三种；按认证性质分，产品质量认证可分为安全认证和合格认证，见表 2－12。

表 2－12　产品质量认证的分类

认证分类	认证种类	认证形式描述
按认证范围分类	国家认证	各国标准化组织依据国家标准，对其国内产品实行的认证
	区域认证	若干国家或地区根据自愿原则自行组织起来，按照共同的技术标准和规范而进行的认证，如欧共体区域认证
	国际认证	参与国际标准化组织（ISO）、国际电工委员会（IEC）认证组织等，按照其标准开展的认证
按认证性质分类	安全认证	依据安全标准进行的认证，或只对商品标准中有关安全的项目进行的认证。安全认证是对商品在生产、贮运、使用过程中，是否具备保证人体健康和人身、财产安全及避免环境遭受危害等的认证，属于强制性认证
	合格认证	依据国家标准或行业标准的要求，对商品的全部性能进行的质量认证，一般属于自愿性认证

3. 产品质量认证书和认证标志

（1）产品质量认证书。

产品质量认证书，是证明产品质量符合认证要求和许可产品使用认证标志的法定证明文件。认证委员会负责对符合认证要求的产品的申请人颁发认证证书，并准许其使用与证书内容相一致的认证标志。

认证证书由国务院标准化行政主管部门组织印刷并统一规定编号。证书持有者可将标志标示在产品、产品铭牌、包装物、使用说明书、产品合格证上。使用标志时，须在标志上方或下方标出认证委员会代码、证书编号、认证依据的标准编号。

（2）产品质量认证标志。

产品质量认证标志，是法定认证机构为证明产品符合认证标准和技术要求而设计、发布的一种专用质量标识。产品质量认证标志在使用时，需要在标志图案下方标示出证书编号、认证委员会代码以及认证依据的标准号。

目前，我国国内经国务院产品质量监督部门批准的认证标志主要有三种：适用于电工产品的专用认证标志——长城标志，适用于电子元器件产品的专用认证标志——PRC标志，以及适用于其他产品的认证标志——方圆标志，如图2-4所示。

图2-4 中国产品质量认证标志

除上述产品质量标志外，我国还有一些产品认证标志，如国家免检产品标志、中国名牌产品标志、中国环境标志、绿色食品标志、中国强制性认证标志等。

此外，一些比较有影响的国际机构和国外认证机构按照自己的认证标准，也对我国申请人的产品进行质量认证，如国际羊毛局的纯羊毛标志、欧共体CE认证标志等。

案例评析

各式各样的认证都有特定的含义，请看对下面几个认证标识的解释：

“食品生产许可证”：是国家市场监督管理总局对于具备基本生产条件、能够保证食品质量安全的食品加工企业颁发的生产许可证，并需加印或加贴食品质量安全市场准入标志QS标识。

“无公害食品”：农业行政部门对于能够按照相应生产技术标准生产的、符合通用食品安全标准，并经认证的食品，允许使用无公害食品标志。

“绿色食品”：产地符合生态环境标准，在生产加工过程中仅使用限量、限定的化学合成物质，并经绿色食品认证机构认定的食品，允许使用绿色食品标志。

“有机食品”：在生产加工中不使用化学农药、化肥、化学防腐剂和添加剂，也不用生物基因工程而被认定的食品，允许使用有机食品标志。

答疑解惑

本项目让我们认识到学习、掌握商品质量知识的重要性。商品质量与企业的生存和发展密切相关，学习、掌握必要的商品质量知识是管理者搞好企业经营管理工作的重要内容；消费者学习、掌握必要的商品质量知识，有助于提高自身的消费质量，维护自身的经济利益。

项目小结

本项目从认识商品质量开始，比较系统地介绍了商品标准、商品检验，以及商品质量监督和产品质量认证等商品质量管理的基础知识。

商品质量可以表述为商品满足规定或潜在要求的特征和特性的总和。商品质量有狭义商品质量和广义商品质量之分。商品质量表现为内在质量、外观质量、经济质量和社会质量的层次性；商品质量随着时间、空间、消费对象、使用环境、市场环境、资源环境的变化呈现出动态性特征；影响商品质量形成的因素有生产性因素、流通性因素和消费性因素。

商品标准是对商品质量以及与质量有关的各个方面（如商品的品名、规格、性能、用途、使用方法、检验方法、包装、运输、储存等）所做的统一技术规定，是评定、监督和维护商品质量的准则和依据。

商品检验是国家对企业产品进行质量控制的手段。商品检验的依据是商品质量法规、商品标准和购销合同；商品检验的内容包括商品的品质、数量、重量、包装质量以及卫生和安全性能等；商品检验按检验的主体不同，分为生产检验、验收检验和第三方检验；商品检验的方法主要有感官检验法、理化检验法和生物学检验法。

商品质量监督的种类有国家的质量监督、社会的质量监督和用户的质量监督；商品质量监督的形式有抽查型质量监督、评价型质量监督和仲裁型质量监督三种。

产品质量认证是一种评价型质量监督形式，是依据产品标准和相应技术要求，经认证机构确认并通过颁发认证证书和认证标志来证明某一产品符合相应标准和相应技术要求的活动。

实训练习

一、基础训练

（一）判断题（正确的打“√”，错误的打“×”）

1. 商品质量是指对商品的外观造型、规格尺寸、花色式样等特征的描述。（　　）

2. 商品的经济质量是指人们对商品的性能与价格的比较。(　　)
3. 标准的本质属性是“统一规定”。(　　)
4. 商品标准由主管部门批准、发布后，就是一种技术法规，具有法律效力。(　　)
5. 人体感觉器官可以作为商品检验的工具。(　　)
6. 除了国家指定的专门质量检验机构，其他组织无权从事商品检验活动。(　　)
7. 商品质量监督的依据主要是国家的质量法规和批准发布的正式标准。(　　)
8. 实施商品质量监督的职能部门，是由国家授权的法定机构。(　　)

(二) 单项选择题（请将你认为最合适的选项代号填入括号中）

1. 狭义的商品质量指的是(　　)。
A. 商品的使用价值
B. 商品的价值
C. 商品与其规定标准技术条件的符合程度
D. 满足消费者需求的程度

2. 下列选项中，表述正确的选项是(　　)。
A. 凡是标准都具有强制性
B. 商品标准是贸易双方经过谈判确定的交换条件
C. 实物标准是由标准化主管机构或指定部门用实物做成与文件标准规定的质量要求完全或部分相同的标准样品
D. 国际标准属于强制性标准

3. 验收检验指的是(　　)。
A. 生产检验　　B. 买方检验
C. 卖方检验　　D. 第三方检验

4. 下列商品检验方法中，最方便快捷的是(　　)。
A. 感官检验法　　B. 物理检验法
C. 化学检验法　　D. 生物学检验法

5. 下列选项中，不属于商品检验依据的是(　　)。
A. 国家标准　　B. 企业标准
C. 买方标准　　D. 卖方标准

(三) 多项选择题（选择两个或两个以上的选项代号填入括号中）

1. 商品质量随着(　　)的变化而有所不同，呈现出商品质量的动态性。
A. 时间　　B. 空间
C. 自然环境　　D. 社会环境

2. 下列选项中，影响商品质量的因素有(　　)。
A. 自然性因素　　B. 社会性因素
C. 生产性因素　　D. 消费性因素

3. 下列有关标准的表述，正确的是(　　)。
A. 能够用来辨别事物性质和状态的尺度或依据就是标准
B. 标准是衡量事物的准则
C. 标准的本质属性是一种“统一规定”

D. 标准的对象是重复性事物和概念

4. 下列选项中，属于国家规定的强制性标准的是(　　)。

A. 药品标准　　B. 食品安全标准

C. 环境质量标准　　D. 工程建设的质量、安全、卫生标准

5. 商品检验的依据是(　　)。

A. 购销合同　　B. 商品标准

C. 买方提出的标准　　D. 卖方提出的标准

6. 商品检验的基本内容包括(　　)。

A. 商品的品质、数量、重量　　B. 商品的包装质量

C. 商品的安全性能　　D. 商品的卫生要求

7. 根据实施监督的部门不同，商品质量监督可分为(　　)。

A. 国家的质量监督　　B. 社会的质量监督

C. 用户的质量监督　　D. 企业的质量监督

8. 商品质量监督的形式主要有(　　)。

A. 抽查型质量监督　　B. 判断型质量监督

C. 评价型质量监督　　D. 仲裁型质量监督

二、拓展训练

任务：调查了解当地产品质量监督检验情况和企业质量认证情况。

要求：将学生分成小组开展调研活动，调研、走访当地企业或质量技术监督管理机构。

目的：认识国家对社会商品质量管理的基本形式。

训练方式：小组集体走访调查，写出简要的调查分析报告。

项目三 商品包装管理

问题引入

当今社会已经进入包装时代，人们离不开商品，商品离不开包装，包装保护着商品，美化了商品的形象，也方便了人们的生活。包装与现代生活息息相关，深刻地改变和影响着现代社会生活，学习包装知识是适应社会发展的必然要求。

任务导读

本项目从认识商品包装开始，引导学生进入商品包装知识的情境，激发学生学习商品包装知识的兴趣。

学习目标

- 了解商品包装的含义、作用及分类
- 认识商品包装标识
- 了解商品包装策略
- 认识商标
- 通过实训练习，学会识别商品包装标识和商标

任务一　认识商品包装

案例导入

红星青花瓷珍品二锅头包装设计

红星青花瓷珍品二锅头的推出使红星二锅头走进了中国的高端白酒市场。红星青花瓷珍品二锅头在产品包装上融入中国古代文化的精华元素。酒瓶采用仿清乾隆青花瓷官窑贡品瓶型，酒盒图案以中华龙为主体，配以紫红木托，整体颜色构成以红、白、蓝为主，具有典型中华文化特色。红星青花瓷珍品二锅头包装设计，在中国第二届外观设计专利大赛上荣获银奖。

思考:

红星青花瓷珍品二锅头包装设计的意义在哪里?

知识探究

一、商品包装的含义

GB4122—83《包装通用术语》对包装下的定义是：“为在流通过程中保护产品，方便储运，促进销售，按一定的技术方法而采用的容器、材料及辅助物等的总体名称。”上述包装的定义有两层基本含义：一是指盛装商品的容器和材料，如桶、箱、袋、筐以及其他辅助包装用品；二是包装商品的操作技术和方法。

二、商品包装的作用

设计良好的包装，能为商品的使用者带来便利，为生产者创造增值价值，为营销者创造盈利的机会。在现代市场营销活动中，包装的重要性已远远超出其作为容器保护商品的功能。现代商品包装的作用体现在有效保护商品、便利储运流通、方便消费使用、促进商品销售等几个方面，如图 3－1 所示。

1. 有效保护商品

商品在运输、储存、销售以及消费过程中，会受到各种因素的影响，可能发生物理、化学、生物等变化，造成商品损失或质量改变。必要的包装能够抵御各种外界环境因素对商品造成的危害，保证商品质量和数量的完好。

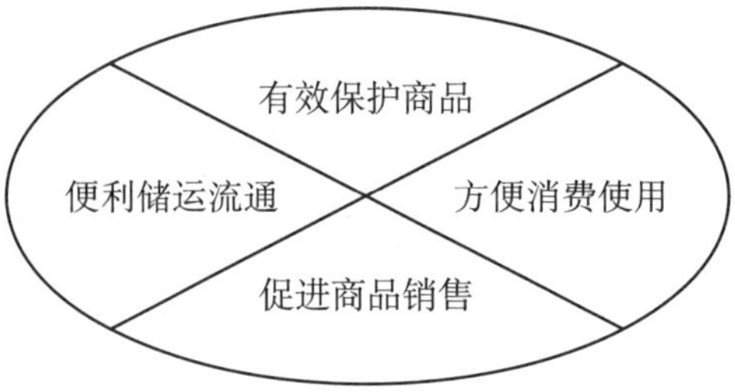

图 3－1　商品包装的作用

2. 便利储运流通

商品包装可以为商品从生产领域向流通领域和消费领域转移的过程提供一切方便。商品包装使不规则外形的商品规范化，方便商品储存运输；商品包装把小件商品集合成大包装，提高了商品运输、装卸、储存效率。

3. 方便消费使用

商品包装上的使用说明，指导人们正确使用和消费商品，提高了商品的使用价值。

4. 促进商品销售

新颖独特的包装，赋予商品美感，能提升消费者的视觉兴趣，激发消费者的购买欲望，起到促进商品销售的作用。

三、商品包装分类

对商品包装进行分类，可以更好地认识商品包装的表现形态和功能。常见的商品包装分类有按包装层次分类、按包装在流通中的作用分类、按包装材料分类等几种形式，见表 3－1。

表 3－1　商品包装分类

分类标准	包装名称	性状描述	应用举例
按包装层次分类	内包装	直接盛装商品的容器。直接对商品起到保护、集合、容纳和方便消费等作用	为商品销售单元设计的包装，如装牙膏的软管
	中层包装	包裹在商品内包装外面的附加包装。具有保护商品、方便销售、指导消费的作用	装一支牙膏软管的小纸盒
	外包装	为储存和运输商品而集合若干商品形成的大包装。具有方便储存和运输，保护商品在流通中安全的作用	装有很多牙膏的较大的纸板箱
按包装在流通中的作用分类	销售包装	为商品销售单元设计的包装。一般以一个商品或将一次销售的若干个单体商品作为一个包装单元	酒瓶外面的纸盒包装。有保护商品、宣传商品和促进销售的作用
	运输包装	用于安全运输、保护商品的较大单元的包装形式。如纸箱、木箱、集装箱、包装袋等。主要功能是保护商品，方便运输、装卸和储存作业	装有 6 个电饭煲的大纸板箱

续前表

分类标准	包装名称	性状描述	应用举例
按包装材料分类	纸或纸板	包装纸盒	白酒的中层包装盒
	塑料类	包装箱、包装袋	包装食品的塑料袋
	金属类	铁桶、铝罐	听装啤酒、饮料包装
	玻璃类	玻璃瓶、罐	酒瓶、药品瓶
	木材类	包装箱	木制包装箱
	复合材料	纸板与塑料复合等	仪器类精制商品包装
	陶瓷类	瓶、坛、罐	酒坛、酒瓶
	纺织品类	各类包装袋	装粮食的口袋
	其他材料	竹、柳、藤、草类纺织物	筐、篓、席、垫

案例评析

开篇案例中红星青花瓷珍品二锅头的包装设计使得红星二锅头单一的低端形象得到了彻底颠覆。产品包装的改变，促使公司产品质量大幅提高，不但创造了优异的经济效益，而且提升了公司形象、产品形象和品牌形象。

任务二　认识商品包装标识

案例导入

超市商品包装需改进

案例一

上海市包装技术协会曾对超市商品包装进行调查，发现超市商品包装问题很多。比如包装过量、单一、陈旧、不便等，特别是商品标识问题较多，比如进口商品上大多没有中文标识、商品外包装没有标示保质期或者保质期不准确、商品条码存在问题。

案例二

请看右图所示这款食品包装设计：

这款条形饼干只有塑料薄膜抽气密封，内附一张简单的商品标签。这样的包装虽然方便实用、经济实惠，但有三个问题：一是包装过于简单，不容易激起顾客的购买欲望；二是透明包装使得包装外表的灰尘显而易见，顾客会怀疑饼干不卫生；三是饼干包装开封后不易存放，食用不便。

思考：

从上述两个案例中你能了解到包装标识应该标注什么内容吗？

知识探究

一、商品包装标识的含义

为了便于商品流通、销售，方便消费者选购和使用，商品包装上通常都印有某种特定的文字或图形，用以说明商品的性能、特征、质量水平、储运和消费注意事项等。这些具有特定含义的图形或文字被称为商品包装标识或商品包装标志。标注在销售包装上的标识称为销售包装标识或使用说明；标注在运输包装上的标识称为运输包装标志。

二、商品销售包装标识

商品销售包装标识是指印刷在商品销售包装上的一切文字、符号、图形，以及附属于商品销售包装的吊牌和单独印制的商品使用说明。

《中华人民共和国产品质量法》和《产品标识标注规定》等法律文件，都对有关商品标识标注做出了具体的规定。依照上述法律文件规定，商品销售包装标识应包含以下基本内容：

（1）商品名称、生产者名称和地址、商品标准号、商品质量检验合格证明。

（2）根据商品特点和使用要求，标明商品的规格、等级、数量或净含量，以及配料表、主要成分的名称和含量。

（3）限期使用的商品还应标明生产日期、安全使用期（保质期）或失效日期（保存期）。

（4）使用不当，容易造成商品本身损坏或者可能危及人体健康和人身、财产安全的商品，如剧毒、放射性、危险品、易碎物品、怕挤怕压、不可倒置和有其他要求的商品等，应标注警示标志或中文警示说明，标明储存注意事项。

（5）性能、结构、使用方法复杂及不易安装使用的商品，应有详细的安装、维护及使用说明。

（6）实行生产许可证管理的商品，应当标明有效的生产许可证标记和编号。

（7）获得质量认证的商品，可以在认证有效期内生产的商品上标注认证标志。

（8）获得国家或国际质量奖项的商品，可以标注所获奖项的标志或文字说明。

（9）已取得条码的商品，可以标注有效的商品条码。

此外，销售包装上还可以使用其他一些认证标识，如环境标志、保健食品标志、纯羊毛标志等。

三、商品运输包装标志

1. 商品运输包装标志的基本含义

商品运输包装标志是指用简单的文字或图形，在运输包装外面印刷的特殊记号和说明事项。商品运输包装标志在商品运输、装卸和储存过程中，起着不可或缺的指导和警示作用。

2. **商品运输包装标志的分类**

商品运输包装标志分为运输包装收发货标志、包装储运图示标志、危险货物包装标志三大类，如图 3－2 所示。

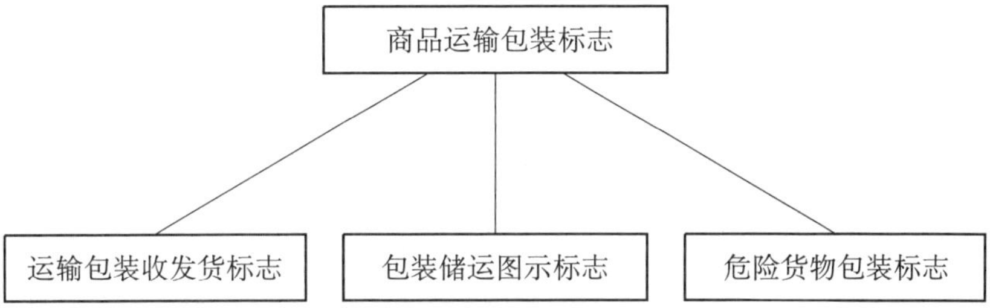

图 3－2　商品运输包装标志的分类

（1）运输包装收发货标志。

运输包装收发货标志又称识别标志，是商品外包装件上的商品分类图示标志及其他标志和文字说明的总称。运输包装收发货标志通常由简单的图形和一些字母、数字及简单的文字组成。运输包装收发货标志的具体要求在国家标准《运输包装收发货标志》（GB6388—1986）中有明确的规定。运输包装收发货标志内容见表 3－2。

表 3－2　运输包装收发货标志内容

序号	项目			含义
	代号	中文	英文	
1	FL	商品分类图示标志	CLASSIFICATION MARKS	表明商品类别的特定符号
2	GH	供货号	CONTRACT NO.	供应该批货物的供货清单号码（出口商品用合同号码）
3	HH	货号	ART NO.	商品顺序编号，以便出入库、收发货登记和核定商品价格
4	PG	品名规格	SPECIFICATIONS	商品名称或代号，标明单一商品的规格、型号、尺寸、花色等
5	SL	数量	QUANTITY	包装容器内含商品的数量
6	ZL	重量（毛重） （净重）	GBOSS　WT NET　　WT	包装件的重量（kg），包括毛重和净重
7	CQ	生产日期	DATE OF PRODUCTION	产品生产的年、月、日
8	CC	生产工厂	MANUFACTURER	生产该产品的工厂名称
9	TJ	体积	VOLUME	包装件的外径尺寸：长×宽×高（cm）＝体积（m^3）
10	XQ	有效期限	TERM OF VALIDITY	商品有效期至×年×月
11	SH	收货地点和单位	PLACE OF DESTINATION AND CONSIGNEE	货物到达站、港和某单位（人）收（可用贴签或涂写）

续前表

序号	项目			含义
	代号	中文	英文	
12	FH	发货单位	CONSIGNOR	发货单位（人）
13	YH	运输号码	SHIPPING NO.	运输单号码
14	JS	发运件数	SHIPPING PIECES	发运的件数

（2）包装储运图示标志。

包装储运图示标志又称指示标志或注意标志，它是根据不同商品对物流环境的适应能力，用醒目简洁的图形、文字标注在商品储运包装上，提示人们在装卸、运输及储存过程中应注意的事项。国家标准《包装储运图示标志》（GB191—2008）规定了 17 个标志。包装储运图示标志如图 3－3 所示。

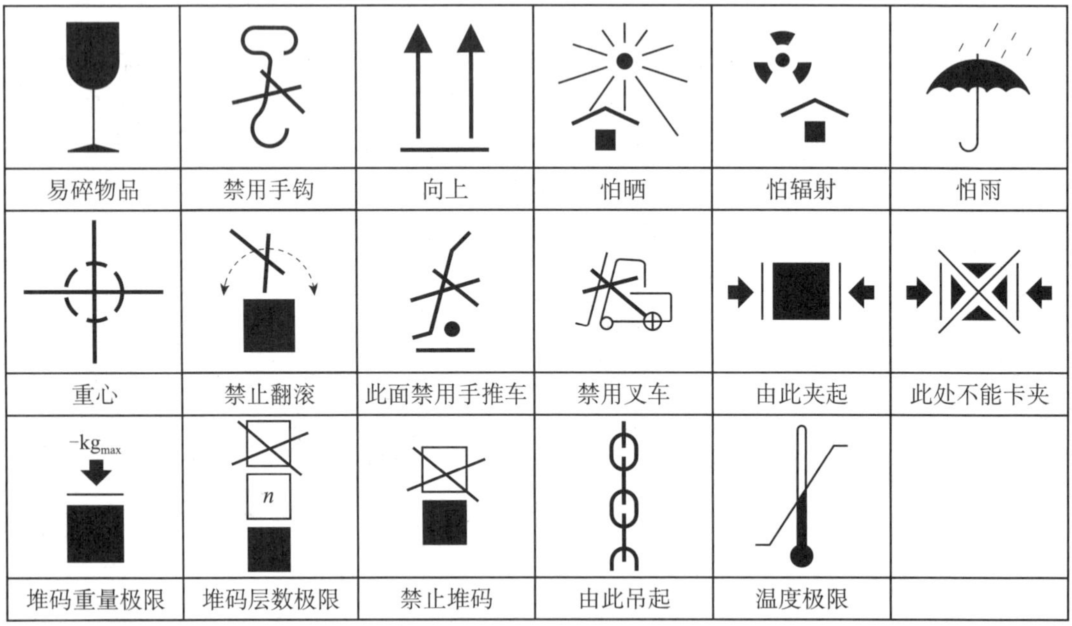

图 3－3　包装储运图示标志

（3）危险货物包装标志。

危险货物包装标志是针对易燃、易爆、易腐、有毒、放射性等危险性商品，为起到警示作用而在包装上加印的特殊标记，由文字和图形构成。

国家标准《危险货物包装标志》（GB190—2009）对危险货物包装标志的图形、适用范围、颜色、尺寸、使用方法等作出了明确规定。该规定具体规定了爆炸品、易燃气体、不燃气体、有毒气体、易燃液体、易燃固体、自燃物品、遇湿易燃物品、氧化剂、有机过氧化物、剧毒品、有毒品、有害品、感染性物品、放射性物品、腐蚀品和杂类共 9 类、17 种标志名称、21 个图形。危险货物包装标志图示如图 3－4 所示。

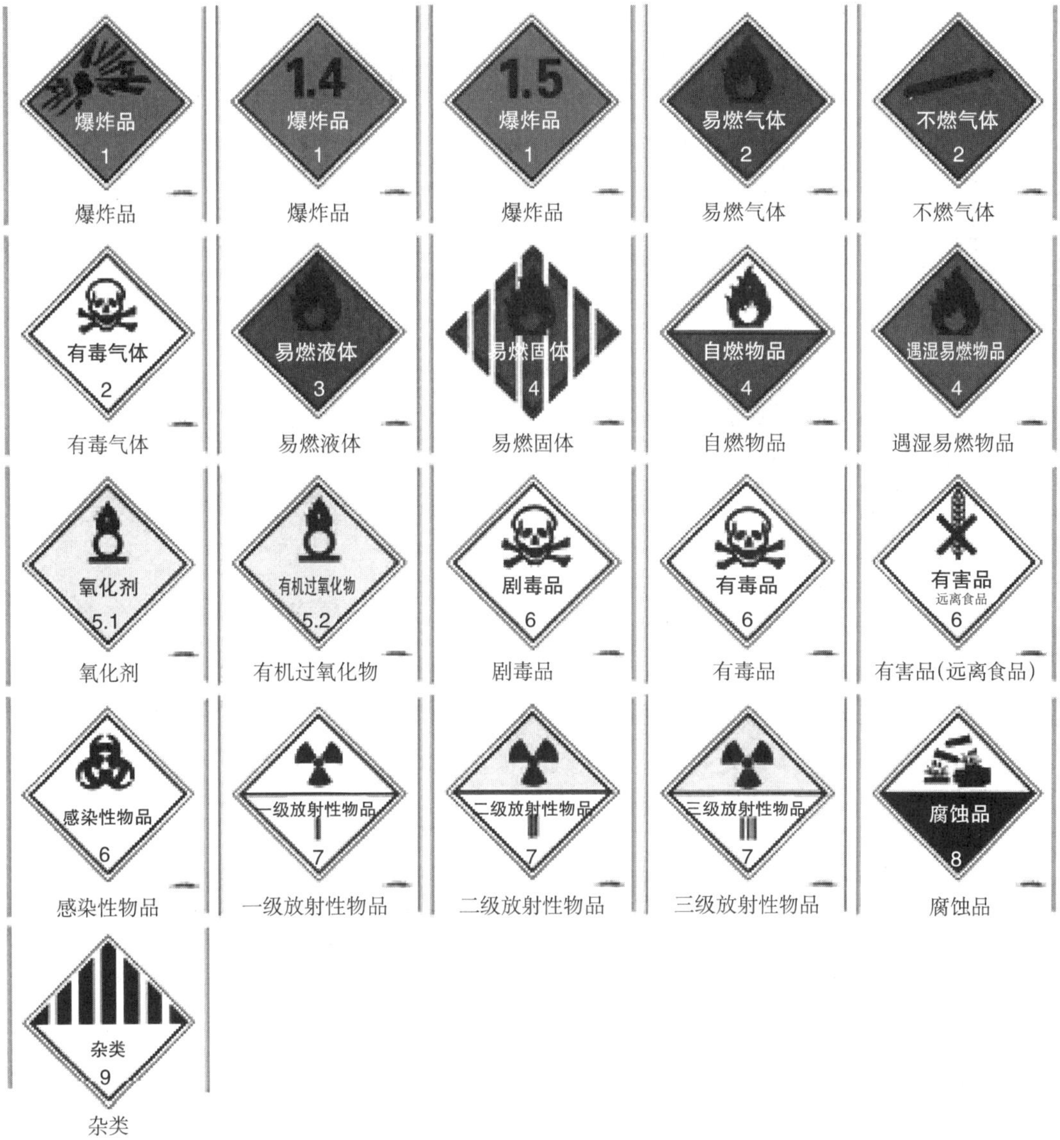

图 3-4　危险货物包装标志图示

案例评析

根据国家标准《食品标签通用标准》（GB7718—94）的规定，食品的销售包装上必须标注食品名称、配料表、净含量及固形物含量、食用方法指导、质量等级、商品标准代号、厂商名称及地址、批号、日期标志以及商标、条码等。属保健食品的必须标有保健食品标志。除必须标识项目外，食品商品包装还应有其他一些基本标识，如生产许可证编号、卫生许可证编号、质量安全标志以及必要的储运图示标志。一些功能性营养食品和保健品，根据实际情况，还可以标注参考营养品成分表、营养功能、适宜人群等。

任务三　包装策略

案例导入

山姆森玻璃瓶

1898 年，鲁特玻璃公司一位年轻的工人亚历山大·山姆森在同女友约会时，发现女友穿着一套筒型连衣裙，显得臀部突出，腰部和腿部纤细，非常好看。他突发灵感，根据女友穿的这套裙子的外形设计出一个玻璃瓶。亚历山大·山姆森不仅将瓶子设计得非常美观，像亭亭玉立的少女，他还把瓶子的容量设计成刚好装一杯水。瓶子试制出来后，大众交口称赞。有经营意识的亚历山大·山姆森立即到专利局申请专利。

当时，可口可乐的决策者坎德勒在市场上看到了亚历山大·山姆森设计的玻璃瓶后，认为非常适合作为可口可乐的包装。于是他主动向亚历山大·山姆森提出购买瓶子的专利。经过一番讨价还价，最后可口可乐公司以 600 万美元的天价买下此专利。

思考:

你认为可口可乐公司的包装策略能成功吗?

知识探究

利用商品包装作为营销手段的成功案例很多，我们这里列举九种典型的包装策略营销案例，从中体会包装作为营销手段的价值。

一、类似包装策略

类似包装策略，即企业对其所生产的产品，都采用相同或相似的图案、色彩进行包装。这种包装形式便于顾客识别出本企业产品，有利于培养顾客对本企业产品的忠诚度，同时还可以使企业节省包装设计、制作费用。

【例】在推出新产品时采用类似包装可以利用企业的声誉，使顾客首先从包装上辨认出产品，迅速打开市场。

二、配套包装策略

配套包装策略，即按照消费者的消费习惯，将数种有关联的产品配套包装在一起成套供应。这种包装策略便于消费者购买、使用和携带，同时还可扩大产品的销售量。

【例】如果在配套产品中加进某种新产品，可使消费者不知不觉地习惯使用新产品，有利于新产品的上市和普及。

三、再使用包装策略

再使用包装策略，即产品使用完毕后，包装物还可做其他用途。这种包装策略可以使购买者获得一物多用的额外利益满足，从而激发其购买产品的欲望。包装物在消费者手中重复使用，还起到了对产品的广告宣传作用，增加了消费者重复购买的可能。

【例】山西杏花村汾酒内包装的青花瓷酒瓶，既是酒瓶，又是一个精美的花瓶。

四、附赠品包装策略

附赠品包装策略，即在产品的包装内装入一些小礼品，以此引起消费者的购买兴趣，进而形成消费者重复购买的促销效应。

【例】在包装盒内附赠彩券、礼品券、代金券、儿童小玩具等。

五、更新包装策略

更新包装策略，即改变原有的产品包装，改用新的包装。当由于某种原因使产品销量下降、市场声誉跌落时，企业可以在改进产品质量的同时，改变产品包装，从而以新的产品形象出现在市场上，改变产品在消费者心目中的不良印象。这种做法有利于企业迅速恢复声誉，重新扩大市场份额。

【例】北京红星二锅头白酒一直使用简易玻璃瓶包装，为提升企业产品形象，设计了青花瓷珍品二锅头包装。包装的改变使产品的市场形象发生了变化，推动红星二锅头走进中国高端白酒市场。

六、复用包装策略

复用包装，是指企业产品原包装用过以后回收再利用的包装。复用包装可以大幅降低包装成本，便于商品周转，减少环境污染，利于社会节约资源。

【例】产品运储周转箱、啤酒箱（瓶）等。

七、组合包装策略

组合包装，即把若干有关联的产品，包装在同一容器中，形成一个较大的销售单元。

组合包装不仅能促进消费者的购买，也有利于企业推销产品，特别是推销新产品时，可将其与老产品组合出售，创造条件使消费者试用、接受。

【例】 化妆品的组合包装、节日礼品盒的礼品套装。

八、开窗式包装策略

开窗式包装，是指在包装物上留有“窗口”，让消费者通过“窗口”来直接认识和了解产品，其目的在于直接让消费者体会、认识产品的品质。

【例】 套装礼品名酒、化妆品包装。

九、礼品式包装策略

礼品式包装外表装饰喜庆华丽，富有欢乐、祝福之意，满足人们交往、礼仪之需要，借物传情，以情达意。

【例】 高档礼品名酒、保健品包装。

案例评析

可口可乐公司之所以敢于花 600 万美元的天价买下山姆森玻璃瓶专利，是因为可口可乐看到了山姆森玻璃瓶背后的巨大商机。采用亚历山大·山姆森设计的玻璃瓶作为可口可乐的包装以后，可口可乐的销量飞速增长，在两年的时间内，销量翻了一倍。从此，以山姆森玻璃瓶作为包装的可口可乐开始畅销美国，并迅速风靡世界。600 万美元的投入为可口可乐公司带来了巨额的回报。

任务四　商标识别

案例导入

“鲁艺”两字引来一场官司

鲁迅美术学院是由延安鲁艺发展而来的高等美术院校（原告），其于 2001 年申请注册了“鲁艺”服务商标。沈阳鲁艺摄影美术（化妆）学校（被告）成立于 1998 年，原在工商机关进行了登记，在该校网站、招生广告中均突出使用了字号“鲁艺”。案件审理中，双方达成了调解协议，被告同意规范使用其学校名称，不再突出使用“鲁艺”字样，并对相关网页、广告进行删除、更改。

思考:

沈阳鲁艺摄影美术（化妆）学校错在哪里?

知识探究

一、品牌与商标

要理解商标的含义，首先应了解什么是品牌。

1. 什么是品牌

美国市场营销协会对品牌的定义：品牌是一种名称、术语、符号或设计，或是它们的组合运用，其目的是借以辨认某个生产经营者或某些生产经营者的产品或服务，并使之与竞争者的产品或服务区别开来。品牌实际上是企业给自己的产品起的名字，以使自己的产品与其他商品相区别。

2. 品牌的构成要素

完整的品牌包括品牌名称和品牌标志两部分。品牌名称是指品牌中可用语言表达的部分。例如“海尔”是企业给自己的产品起的名字；品牌标志则是指品牌中可识别但不能用言语表达的部分，包括符号、图案或专门设计的颜色、字体等。如海尔品牌第一代识别标识——海尔兄弟 LOGO 设计寓意：中国的海尔和德国利勃海尔，中德双方的合作如同这两个小孩一样充满朝气和拥有无限美好的未来。

3. 什么是商标

商标与品牌具有密切的联系。商标是一个专门的法律术语，当品牌或品牌的一部分在政府有关部门依法注册后，便称为商标。商标通常由文字、图形或文字与图形的组合图案构成。

二、商标的特征

法律意义上的商标，具有显著性、专有性、竞争性三个特征，如图 3－5 所示。

图 3－5　商标的特征

三、商标的作用

商标是商品的记号，它代表商品向消费者提供一组特定的属性、利益、服务、价值、个性以及文化。商标具有以下作用。

1. 识别商品或服务

商标的专有性，决定了商标可以把不同商标所有权人的同类商品区别开来。消费者选购商品时，往往看商标购物，通过商标识别商品的不同来源。

2. 保护企业利益

注册商标受法律保护，未经商标所有人的认可，他人的产品不得使用本商标或近似商标，这样可以防止仿制产品等侵权行为损害企业产品的形象，维护企业产品和服务的社会声誉。

3. 巩固企业产品的市场地位

知名品牌会得到社会的广泛认可，消费者一旦对某一优良品牌产生偏好，会在相当长的时间内成为这一品牌忠实的顾客，即所谓“品牌忠诚”现象，从而使企业拥有稳定的顾客群体，有利于巩固企业产品的市场地位。

4. 鼓励企业提高产品质量

优良品牌的产生，是企业多年努力、精心培育的结果。良好的品牌形象在为企业带来经济利益的同时，对企业也会产生一种无形的鞭策，它会鼓励企业维护并不断提高产品质量，提升产品在社会上的影响力。

四、商标的分类

商标的种类很多，通常以商标的结构、商标是否注册、商标的用途、商标的使用者等作为标志进行分类，如图3-6所示。

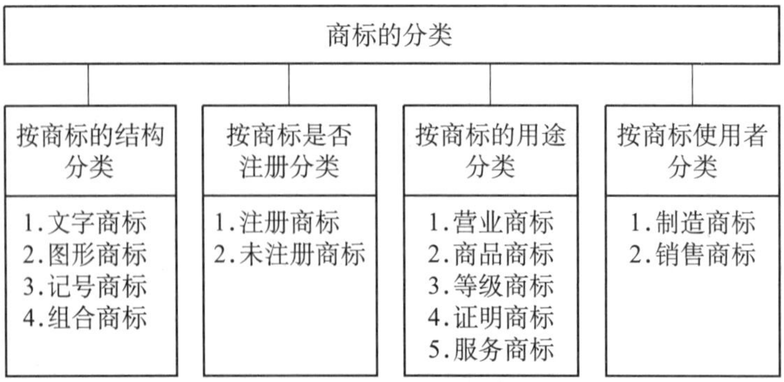

图3-6 商标分类结构图示

按商标的结构分类示例见表3-3。

表 3-3　按商标的结构分类示例

商标类型	定义描述	特征及举例
文字商标	是指仅由文字构成的商标，可由各种文字、数字、字母及其组合而成	特征：文字商标易读、易记，有一定的表意功能 例：文字商标如“全聚德”烤鸭，数字商标如“999”药品、“555”卷烟等
图形商标	是指仅由图形构成的商标	特征：图形商标形象直观，不受语言环境的限制，不分国家、民族、地域，一般都可以识别，通晓性很强 例：“长城”商标，人们一看图便知，而且印象深刻
记号商标	是指用某种简单的记号或符号构成图案的商标	特征：图案设计简单，标志性强
组合商标	是指由文字、图形、数字等要素组合而成的商标，也称复合商标	特征：易识别，易读 例：“海尔”商标就是由文字和图案组合而成的商标

按商标是否注册分类示例见表 3-4。

表 3-4　按商标是否注册分类示例

商标类型	定义描述	特征及举例
注册商标	是指经国家商标主管机关核准注册而使用的商标	特征：商标注册后即受法律保护，拥有专用权 例：未经许可，使用他人注册商标属违法行为
未注册商标	是指未经国家商标主管机关核准注册而自行使用的商标	特征：未注册商标可以使用，但不受法律保护，不具有专有性

按商标的用途分类示例见表 3-5。

表 3-5　按商标的用途分类示例

商标类型	定义描述	举例
营业商标	是指以企业名称或特定的企业标志作为商标	例：中国的“同仁堂”中药，美国的“福特”汽车等
商品商标	是指为了与其他同类商品相区别，而在个别商品上使用的商标	例：同一厂商生产的卷烟会有多个品牌，注册多个商标
等级商标	是指同一企业、同一类商品因不同规格、质量而使用的系列商标	例：上海牙膏厂的“美加净”“中华”“白玉”等
证明商标	是指商品经过质量鉴定，证明商品质量、性能、原料选材以及加工精度等方面都达到了有关规定标准的一种证明性商标	例：国际上的“纯羊毛标志”、我国的“绿色食品标志”“质量认证标志”等
服务商标	是指用于区别提供不同的服务项目或行业的商标	例：航空、旅游、保险、金融、广告、交通、文化教育等单位使用的标志

按商标的使用者分类示例见表 3-6。

表 3-6 按商标的使用者分类示例

商标类型	定义描述	特征及举例
制造商标	是指表示商品制造者的商标	特征：多以厂名或厂标命名，明确体现产品的出处。 例：我国的海尔、长虹，日本的松下、日立等家用电器产品的商标
销售商标	是指销售者在销售自己经营的商品上所使用的商标，也称商业商标	例：世界上著名的大零售商，如西尔斯、沃尔玛等公司在销售自己经营的商品时所使用的销售商标

案例评析

企业名称经核准登记后，权利人应在不侵犯他人合法权益的前提下，正当、规范地使用。本案被告虽先取得了企业名称权，不构成侵犯原告商标专用权，但其突出使用原告注册商标的方式不当，应予以纠正。

答疑解惑

通过本项目的学习，我们认识到了商品包装与商品的关系。多数商品如果没有包装就无法流通，包装已经成为商品价值的组成部分。同时，包装起着保护商品、美化商品的作用，也方便了人们的生活。包装与现代生活息息相关，深刻地改变和影响着人们的生活。学习包装知识是适应社会发展的必然要求。

项目小结

本项目从包装的概念出发，引申出商品包装的意义，分类认识了商品包装的形式，介绍了商品包装标识、包装策略以及商标等有关商品包装知识。

商品包装在生产、流通和消费领域中具有保护商品、便利流通、方便消费、促进销售的意义。

商品包装标识在商品销售包装上表现为商品使用说明或商品标签。商品包装标识具体表明商品的身份、来源、组成结构、性能、功能、用途、质量等与该商品有关的必要说明。商品包装标志在商品运输包装上表现为商品运输包装标志。运输包装标志分为收发货标志、包装储运图示标志和危险货物包装标志三种。运输包装标志起指示、指导商品运输和流通的作用。

商品包装具有促销功能。具有促销功能的商品包装策略主要有类似包装策略、配套包装策略、再使用包装策略、附赠品包装策略、更新包装策略、复用包装策略、组合包装策略、开窗式包装策略、礼品式包装策略等。

商标是商品销售包装上的重要标志，它使商品生产者或经营者自己生产或销售的商品与其他商品区别开来。商标通常由文字、图形或文字与图形的组合图案构成。商标的设计与使用应遵循国家相关的法律法规。

实训练习

一、基础训练

（一）判断题（正确的打“√”，错误的打“×”）

1. 商品包装最基本的功能是保护商品。（　　）

2. 纸板箱主要用于运输包装和销售包装。（　　）

3. 商品销售包装标识，是指印刷在商品销售包装上的商品使用说明。（　　）

4. 标注在运输包装上的标识称为运输包装标志。（　　）

5. 采用相同或相似的图案、色彩的包装称为系列包装。（　　）

6. 在包装内装入一些小礼品的包装称为配套包装。（　　）

7. 品牌实际上是企业给自己的产品起的名字。（　　）

8. 品牌和商标是企业给自己产品起的名字的两种不同表达方式，二者是同一个概念。（　　）

（二）单项选择题（请将你认为最合适的选项代号填入括号中）

1. 销售包装是指(　　)。

A. 直接盛装商品的容器　　B. 为商品销售单元设计的包装

C. 装酒的瓶子　　D. 啤酒周转箱

2. 装白酒瓶的包装礼盒属于(　　)包装。

A. 内包装　　B. 外包装

C. 销售包装　　D. 运输包装

3. 《中华人民共和国产品质量法》是(　　)颁布的。

A. 1993 年　　B. 1997 年

C. 2000 年　　D. 2002 年

4. 易燃液体标志属于(　　)。

A. 特殊商品包装标志　　B. 包装储运图示标志

C. 普通货物包装标志　　D. 危险货物包装标志

5. 在推出新产品时应采用(　　)，有利于产品迅速打开市场。

A. 类似包装　　B. 配套包装

C. 附赠品包装　　D. 组合包装

6. 将数种有关联的产品配套包装在一起成套供应的包装策略是(　　)。

A. 复用包装策略　　B. 配套包装策略

C. 附赠品包装策略　　D. 组合包装策略

7. 下列关于品牌标志的描述正确的是(　　)。

A. 可以用言语表达　　B. 不能用言语表达

C. 它是一个专门的法律术语.　　D. 与商标的属性完全相同

8. 下列选项中，不属于品牌要素的选项是(　　)。

A. 符号　　B. 图案

C. 音乐、影像　　D. 专门设计的颜色、字体

(三) 多项选择题（选择两个或两个以上的选项代号填入括号中）

1. 良好的商品包装的意义在于(　　)。

A. 有效保护商品　　B. 便利储运流通

C. 方便消费使用　　D. 促进商品销售

2. 商品销售包装，按包装在流通中的作用分类主要有(　　)。

A. 内包装　　B. 外包装

C. 销售包装　　D. 运输包装

3. 下列属于商品运输包装标志的是(　　)。

A. 特殊商品运输包装标志　　B. 运输包装收发货标志

C. 包装储运图示标志　　D. 危险货物包装标志

4. 危险货物包装标志共有(　　)。

A. 9 类　　B. 17 种标志名称

C. 21 个图形　　D. 黑、白两种颜色

5. 配套包装适用于(　　)。

A. 推出新产品时的新老产品组合搭配包装

B. 把若干件同一种商品包装在同一包装中

C. 将数种有关联的产品包装在一起

D. 促销中销售商品与赠品捆绑包装

6. 复用包装可用于(　　)。

A. 啤酒周转箱　　B. 装啤酒的瓶子

C. 装白酒的瓶子　　D. 装粮食的包装袋

7. 具有法律意义的商标有(　　)等特征。

A. 唯一性　　B. 显著性

C. 专有性　　D. 竞争性

8. 商标的作用体现在(　　)。

A. 识别商品或服务　　B. 保护企业利益

C. 巩固企业产品的市场地位　　D. 鼓励企业提高产品质量

二、拓展训练

任务：到商场进行实地考察，观察各类商品的包装。

要求：小组集体走访调查，做好调查记录。

目的：识别不同商品所采用的包装策略。

训练方式：对调查所得到的包装信息资料进行对比分析，区分出不同的包装策略。

项目四 商品储存养护与库存管理

问题引入

商品储存是商品从生产领域向消费领域转移过程中的暂时停滞。商品在储存期间，因储存环境的变化，常会给质量带来一定影响。为防止或减少商品储存期间质量变化，需要对储存商品进行必要的养护管理。

任务导读

本项目从认识储存商品质量变化的形式开始，引导学生进入商品储存养护以及库存管理知识的情境，学习商品储存与养护以及商品库存管理基本知识。

学习目标

- 了解商品储存期间质量变化的形式
- 了解影响商品质量变化的因素
- 熟悉工业品养护知识
- 熟悉食品商品储存与保鲜知识
- 熟悉商品库存管理的基本方法

任务一　对商品储存期间质量变化的认识

案例导入

某单位食堂食品保管制度

一、食品入库前必须做好检查和验收工作，发霉、变质、腐烂、不洁净的食品和原料不准入库。

二、食品入库后要分类存放且整齐划一，大米不得靠墙放或直接放在地面上，以防潮湿、发霉变质，采购量根据用量来定，避免因存放时间过长而降低食品质量。

三、常进库房检查，发现霉变食品要及时报告领导处理，不得食用。

四、库房内应保持清洁、卫生、空气流通，要做好防潮、防火、防虫、防鼠、防蝇、防尘等工作。

五、库房内严禁嬉戏、玩牌、吸烟、住人，非工作人员不准入内。

六、食品出入库要有登记，日清月结，坚持先进先出原则。

思考:

影响商品储存期间质量变化的因素有哪些？怎样预防储存期间商品质量变化？

知识探究

储存商品，是指为实现销售目的而暂时停留在流通领域各环节的商品。商品在储存期间由于自身的性质、特点等内在因素，以及各种外界因素的影响，可能发生各种各样的质量变化。为防止储存期间商品质量劣变，需要对储存商品进行保养和质量维护。

商品在储存期间的质量变化，归纳起来有物理机械变化、化学变化、生物学变化等几种形式。

一、商品的物理机械变化

1. 商品的物理变化

商品的物理变化，是指只改变商品的外表形态，不改变其本质，没有新物质的生成，并且有可能反复进行的质量变化。商品的物理变化主要有挥发、溶化、熔化、渗漏、串味、沉淀、沾污等，见表4-1。

表4-1　　商品物理变化的表现形式

现象	性状描述	举例	预防措施
挥发	指某些液体商品、经液化的气体商品、部分固体商品在空气中蒸发、升华等汽化现象	酒精、汽油等挥发时会降低商品的有效成分，增加商品损耗量，降低商品质量，产生易燃气体，引起爆炸事故	加强包装的密封性，同时要控制储存场所的温度，并将商品放置于温度适宜的环境条件中储存
溶化	指某些兼有吸湿性和水溶性的固体商品，吸收空气中的水分后溶解为液体的现象	食糖、食盐、尿素等商品吸潮后，表面会溶化导致商品流失。当空气变干燥后，商品又会结成硬块	对易溶化的商品采取防潮隔离、吸潮、通风、降温、除湿相结合的措施，防止商品吸潮溶化
熔化	指低熔点的商品受热后发生软化甚至熔融为液体的变化现象	香脂、蛤蜊油、发蜡、医药商品中的油膏、胶囊等商品熔化会造成商品流失、粘连包装、沾污其他商品	采用密封和隔热措施，加强库房的温度管理，避免日光照射，减小温度对商品的影响
渗漏	指液体商品因包装容器破损或包装不严而使商品发生外漏的现象	瓶、塑料袋、铁桶（盒）包装破损，内装液体商品外漏，会污染环境和其他商品	加强入库验收、储存检查以及储存环境温湿度控制等工作
串味	指吸附性较强的商品与其他带有特异气味的商品接触后，染有其他异常气味的现象	易被串味的商品：大米、面粉、木耳、食糖、饼干、茶叶、卷烟等；易传染异味的商品：汽油、樟脑、肥皂、化妆品、农药等	对易被串味的商品采取密封包装，不得与有强烈气味的商品同车、同船并运或同库储存
沉淀	指含胶质和易挥发成分的商品，在低温或高温条件下，部分物质凝固，发生下沉或膏体分离的现象	易沉淀的商品有：墨汁、牙膏、雪花膏等。沉淀的结果是品质改变，甚至失去使用价值	根据不同商品的特点，避免阳光照射，做好商品冬季保温和夏季降温工作
沾污	指商品外表沾有其他脏物、染有其他污秽的现象	食品、服装等沾有污物，会降低或失去其使用价值	加强生产、储运过程中环境卫生管理，防止环境污染

2. 商品的机械变化

商品的机械变化，是指在外力作用下商品发生形态改变。商品的机械变化主要是破碎和变形，见表4-2。

表4-2　　商品机械变化的表现形式

现象	性状描述	举例	预防措施
破碎和变形	指商品在外力作用下所发生的形态上的改变	脆性较大或易碎的商品，如玻璃、陶瓷制品等碎裂；塑性较大的商品，如皮革、塑料、橡胶等形态持久改变、开裂	对于易破碎和易变形的商品，要注意妥善包装，轻拿轻放，堆垛高度不能超过一定的压力限度

二、商品的化学变化

商品的化学变化，是指不仅改变商品的外表形态，而且改变商品的本质，并生成新物质的变化现象。常见的化学变化有氧化、分解、聚合、老化、锈蚀等，见表 4-3。

表 4-3　商品化学变化的表现形式

现象	性状描述	举例	预防措施
氧化	指商品与空气中的氧或具有氧化性的物质接触，发生与氧结合的化学变化	部分化工原料、纤维制品、橡胶制品、油脂类商品等氧化，会使商品的质量下降，甚至使商品失去原有品质	妥善包装，密封，防日光照射
分解	指某些化学性质不稳定的商品，在光、电、热、酸、碱及潮湿空气的作用下，由一种物质分解成两种或两种以上物质的现象	用于漂白或灭菌的双氧水，在常温下分解缓慢，但在高温下会迅速分解为水和氧气而失去原有的功效	消除化学性质不稳定商品发生分解的环境条件
聚合	指某些商品组成中的化学键在外界条件的影响下，同种分子间发生聚合反应，成为聚合体而变性的现象	桐油表面结块、福尔马林变性等	妥善保存，密封、避光、避热
老化	指以高分子有机物为主要成分的商品，在储存过程中受到光、热、氧的作用，逐渐失去原有优良性能的质量改变现象	如橡胶、塑料、合成纤维等高分子有机物，出现发黏、变硬、发脆、失去弹性、龟裂等现象	材料改性，添加防老化剂，物理防护
锈蚀	指金属制品在潮湿空气及酸、碱、盐等介质的作用下被氧化腐蚀的现象	金属制品锈蚀，不但会影响外观质量，而且会导致内在质量和使用价值降低	表面化学处理，控制储存环境，密封或涂油，气相防锈

三、商品的生物学变化

储存商品的生物学变化主要有生理生化变化和生物引起的变化等。

1. 生理生化变化

生理生化变化，是指有生命活动的有机体商品，在生长发育过程中，为了维持自身的生命所发生的一系列变化。如粮食、水果、蔬菜、鲜蛋等商品所表现出的呼吸、发芽、胚胎发育和后熟等生理生化变化现象。鲜活商品的生理生化变化见表 4-4。

2. 生物引起的变化

生物引起的变化是指由微生物、仓库害虫以及鼠类等生物所造成的商品质量的变化，见表 4-5。

表 4-4　鲜活商品的生理生化变化

现象	性状描述	举例	预防措施
有氧呼吸和缺氧呼吸	有氧呼吸是动、植物类鲜活商品为了维持生命需要而进行的一种正常生理活动	水果、蔬菜等鲜活商品有氧呼吸时，消耗体内营养物质产生的水分和热量，致使储存环境的温度和湿度升高，微生物滋生，加速鲜活商品的腐烂变质	储存植物性鲜活商品，应控制好环境的温度和氧气的浓度，杜绝无氧呼吸，将有氧呼吸控制在较低的水平上
	缺氧呼吸是动、植物类鲜活商品在无氧或缺氧状态下的呼吸	活体动物会窒息死亡，植物性鲜活商品则转入无氧（或缺氧）呼吸。缺氧呼吸会产生对人体有害的乙醛	
发芽	指两年生蔬菜在储存休眠后继续生长的一种生理现象	洋葱、大蒜、马铃薯等发芽生长现象。发芽会使蔬菜中的大量营养成分转向新生芽，从而使蔬菜组织细胞变得糠松粗老，失去原有鲜嫩品质	延缓蔬菜发芽的措施是低温、避光或采用气调储存法，控制蔬菜的休眠期
胚胎发育	主要指鲜蛋类从受精卵起到胚胎出离卵膜的过程	鲜蛋在保管过程中，当温度和供氧条件适宜时，胚胎会发育成血丝蛋	加强温度、湿度管理，抑制鲜蛋的胚胎发育
后熟	指瓜果类鲜活商品脱离母株后生理活动仍在继续，并逐渐达到成熟程度的生理变化现象	瓜果类鲜活商品的后熟，能改进其色、香、味以及硬脆度等食用性能。但当后熟作用完成后便转向腐烂变质	在成熟之前进行采收，控制储藏条件，调节后熟过程，达到提早或延缓上市的目的

表 4-5　生物引起的商品质量变化

现象	性状描述	举例	预防措施
霉变	是指霉菌在商品上生长繁殖而导致商品变质的现象	霉菌可以寄生在多种有机质商品上，吸取商品中的营养物质并排泄废物，对商品造成污染和破坏	破坏霉菌类微生物的生存条件，如干燥、高温或低温以及药剂防霉腐等
腐败	是指由于腐败微生物作用于富含蛋白质的食品，使食品中的蛋白质分解变质的现象	肉、鱼、蛋类等动物性食品富含蛋白质，温度、湿度条件适宜，就会腐败变质	采取低温冷藏或冷冻的办法，抑制腐败细菌的生长繁殖
虫蛀、鼠咬	是指由于害虫、老鼠啃咬商品，污染和破坏商品，致使商品遭受损失的现象	虫、鼠破坏了商品的组织结构，其排泄物还会污染商品，造成储存商品大量损失	加强日常管理，搞好清洁卫生，切断虫、鼠来源。采用药剂或其他方法消灭虫、鼠

案例评析

商品在储存期间空间位置虽然没变，但是外界环境条件的变化，同样会导致储存商品质量的变化。防止储存商品质量变化的最好办法是，认识储存商品质量变化的规律，加强入库商品质量管理，预防为主，防治结合。

任务二 对影响商品质量变化因素的认识

案例导入

“8·12”天津滨海新区爆炸事故

2015年8月12日23∶30左右，位于天津市滨海新区天津港的瑞海公司危险品仓库发生火灾爆炸事故，本次事故中爆炸总能量约为450吨TNT当量。造成165人遇难（其中参与救援处置的公安现役消防人员24人、天津港消防人员75人、公安民警11人，事故企业、周边企业员工和居民55人），8人失踪（其中天津港消防人员5人，周边企业员工、天津港消防人员家属3人），798人受伤（伤情重及较重的伤员58人、轻伤员740人），304幢建筑物、12 428辆商品汽车、7 533个集装箱受损。

调查组最终认定事故直接原因是：瑞海公司危险品仓库运抵区南侧集装箱内的硝化棉由于湿润剂散失出现局部干燥，在高温（天气）等因素的作用下加速分解放热，积热自燃，引起相邻集装箱内的硝化棉和其他危险化学品长时间大面积燃烧，导致堆放于运抵区的硝酸铵等危险化学品发生爆炸。

思考：

结合案例思考商品在储存期间安全管理的重要意义。

知识探究

商品储存期间，影响商品质量变化的外部环境因素主要有氧气、日光、微生物、仓库害虫、空气温度、空气湿度、卫生条件和有害气体等，如图4-1所示。

一、氧气

空气中的氧气能与许多物质发生氧化反应，导致被氧化的商品性质发生质的改变。氧气的破坏性如图 4－2 所示。

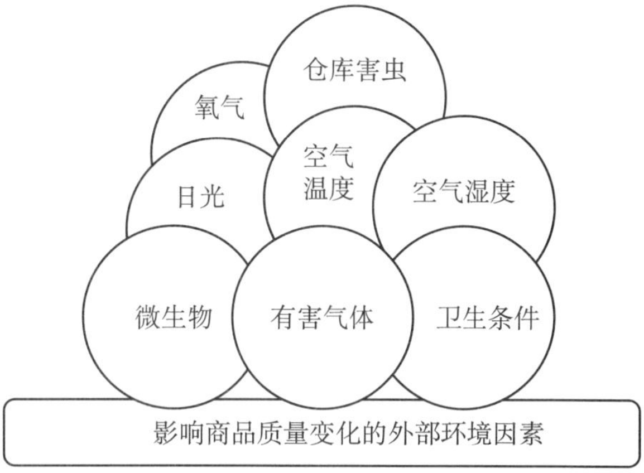

图 4－1　影响商品质量变化的外部环境因素

氧气的破坏性	氧气可以导致金属商品锈蚀； 氧气能使有机质商品发生霉腐； 氧气是好气性微生物和仓库害虫赖以生存的必备条件； 氧气是油脂的酸败及鲜活商品的分解、变质的积极参与者； 氧气是助燃剂，是危险品商品安全储存的隐患。

图 4－2　氧气的破坏性

在商品养护中，对于受氧气影响比较大的商品，应采取有效方法降低储存环境中氧气的含量或隔绝氧气，阻断氧气对储存商品质量的影响。

二、日光

日光中含有紫外线和红外线，对商品质量的保持起着正反两方面的作用，如图 4－3 所示。根据不同商品的特性，在商品储存保管中，要充分利用日光有用的一面保护商品，但也要避免或减少日光对商品的危害。

三、微生物

微生物是个体难以用肉眼观察的一切微小生物的统称。微生物是导致商品霉变和腐败的前提条件。微生物在生命活动过程中会分泌各种酶，分解蛋白质、糖类、脂肪、有机酸等物质，导致商品变质。微生物的排泄物会污染商品，影响商品的外观，加速高分子商品的老化。微生物在世界上有数十万种，其中对商品影响较大的是霉腐微生物，主要有细菌、霉菌和酵母菌等几大类。霉菌能让绝大部分日用工业品、纺织品和食品霉变。腐败性细菌、酵母菌能分解纤维素、淀粉、蛋白质、脂肪等物质。微生物的活动，需要较适宜的温度和湿度条件。掌握微生物的生存和活动规律，就可以根据商品储存环境的状况，采取不同的温度和湿度调节措施，控制微生物生长繁殖，以利于商品储存。

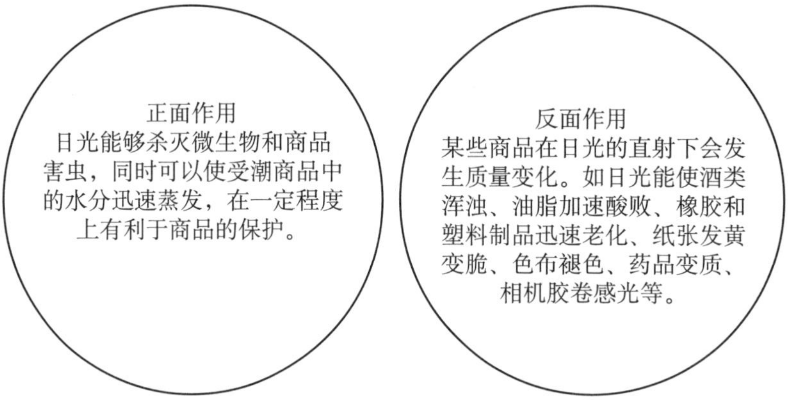

图 4－3 日光对商品质量的作用

四、仓库害虫

1. 害虫的习性

害虫一般都有较强的环境适应能力，如耐热、耐寒、耐饥渴，并具有一定的抗药性；繁殖力强，食性广杂。商品一旦发生虫害，就会造成极严重的后果。

2. 害虫的危害

害虫主要对一些含有较高营养成分的、以动植物为原料加工制成的商品造成危害。常见的有棉、麻、毛、丝等纺织品，毛皮及其制品、皮革及其制品，竹藤、草编制品，纸张及纸制品，木材及其制品，各类干鲜食品、加工食品、中药材等。

五、空气温度

空气温度是指空气的冷热程度。空气温度是影响商品质量变化的重要因素，其对商品质量变化的影响如图 4－4 所示。

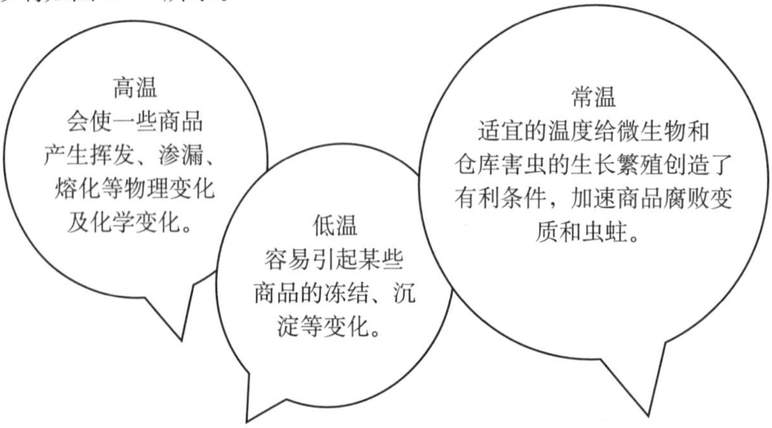

图 4－4 空气温度对商品质量变化的影响

对温度的控制首先要满足储存商品的需要，然后再考虑仓库微生物及害虫的防治。

六、空气湿度

空气的干湿程度称为空气湿度。空气湿度的改变，能引起商品含水量、化学成分、外形或体态结构等的变化。空气湿度对商品质量变化的影响如图 4－5 所示。

图 4－5　空气湿度对商品质量变化的影响

七、卫生条件

良好的卫生条件有利于商品质量的保持。卫生条件不良会使灰尘、油垢、垃圾等污染商品，为微生物、仓库害虫提供活动场所，还会使商品沾染异味。商品在储存过程中，要做好储存环境卫生工作，保持商品清洁卫生，防止商品受到污染。

八、有害气体

有害气体主要来自煤、石油、天然气等燃料燃烧时产生的烟尘和工业生产过程中的粉尘、废气。

对商品造成污染和危害的有害气体主要是二氧化碳、二氧化硫、硫化氢、氯化氢和氮化物等。商品在储存过程中要预防有害气体的危害，如金属商品须远离二氧化硫。

案例评析

现代仓库作业过程中不安全的因素很多，如火灾、爆炸等。此外，放射性物品、腐蚀性物品、有毒物品等也会对现代仓库管理人员的人身安全造成威胁。因此，只有采取有效的控制和防护措施，提高作业人员和管理者的安全意识，才能保证仓库的安全，从而使仓库的生产活动得以正常进行。

任务三　对工业品类商品养护的认识

案例导入

金属的主要破坏方式是腐蚀。据不完全统计，在我国，金属因腐蚀每年会损失10%～20%，造成了巨大的资源浪费和财物损失。金属因腐蚀还会导致灾难性事故，严重威胁人的生命安全。因此，金属保护具有重大的经济和社会意义。

早期耐蚀金属材料当首推中国商代的锡青铜。后来，铁和钢成为最重要的工业材料。1821年，法国科学家关于铁铬合金高化学稳定性的发现，导致20世纪初不锈钢的问世，从而开辟了广泛应用耐蚀合金的新时代。

在表面防护方面，早在古埃及时代，人们就已知用涂油漆的方式保护铁器。我国春秋战国时期出现的鎏金术，开创了用一种金属保护另一种金属的历史。汉代还采用石油作为防锈涂料。英国和法国从13世纪后半叶开始用热浸方法生产镀锡薄铁板。19世纪20年代，英国研究成功用牺牲阳极保护船体金属的腐蚀。20世纪，石油、化学、核能、航空、航天、海洋等工业的迅速发展，进一步促进了金属保护防蚀的发展。

思考:

温度和湿度等环境因素怎样影响储存的工业品类商品的质量变化？

知识探究

工业品类商品在储存过程中，由于各种因素的作用，会发生多种质量变化，如霉变、虫蛀、锈蚀、老化等，如图4－6所示。

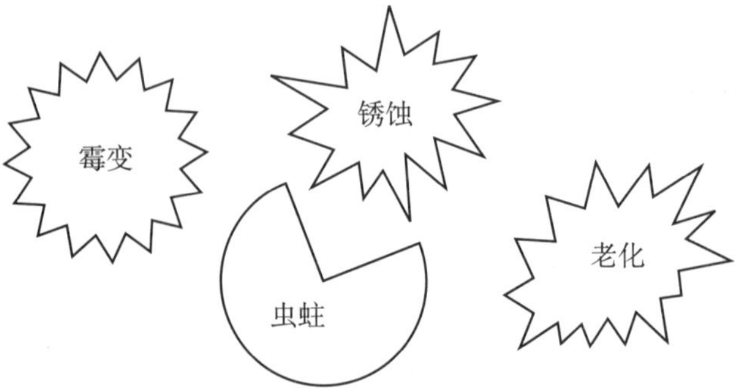

图4－6　工业品类商品质量变化的形式

一、商品的霉变及防治

1. 什么是霉变

霉变是霉腐微生物将商品中的营养物质转变成各种代谢物，引起商品生霉、腐烂等质量变化的现象。

2. 霉腐微生物的生长条件

霉腐微生物的生长繁殖需要一定的条件，当这些条件具备时，霉腐微生物就会生长繁殖；当条件消失时，霉腐微生物就不能生长。霉腐微生物的生长繁殖与水分和湿度、温度、光线、空气成分等外界环境条件有关，见表 4－6。

表 4－6　霉腐微生物生长繁殖的条件

环境条件	适宜的条件
水分和湿度	多数霉菌生长的最低相对湿度为 80％～90％。在相对湿度低于 75％的条件下，多数霉菌不能正常发育
温度	最适宜的生长温度为 20℃～30℃，在 10℃以下不易生长，在 45℃以上停止生长
光线	多数微生物都怕日光直射，日光中的紫外线能破坏微生物细胞和酶，对微生物具有杀灭作用。多数霉腐微生物在日光下 1～4 小时就会死亡
空气成分	好氧型微生物：需要在有氧条件下才能正常生长，二氧化碳浓度的增加不利于这类微生物生长；厌氧型微生物：不能在有氧气或氧气充足的条件下生存

3. 常见的易霉变商品

易发生霉变的商品见表 4－7。

表 4－7　易发生霉变的商品

易霉变的商品	霉变表现
食品类	食品类商品富含有机质营养成分，最容易被微生物侵蚀而发生霉变
纺织原料及其制品	棉、毛、麻、丝等天然纤维及其制品富含高碳水化合物、高蛋白一类营养物质，很容易被霉腐微生物感染而发生霉变
纸张及其制品	各种纸、纸板及其制品属于植物纤维素制品，能够被微生物利用，当温度和湿度适宜时极易发生霉变
日用化学品	日用化学品属于高分子有机物，例如化妆品，由于其配料中含有甘油、单硬脂酸甘油酯、白油等高分子有机物，是许多微生物生长的良好环境
皮革及其制品	皮革是由蛋白质组成的，一旦温度和湿度适宜，微生物就会在上面繁殖

4. 商品霉变的防治

商品的常规防霉变方法是控制霉腐微生物滋生与繁衍的条件，达到商品防霉变的目的。此外，还可以使用化学药剂、气调储藏、射线、微波等方法防止商品霉变的发生，见表 4－8。

表 4-8 商品防霉变的方法

方法	作用原理
化学药剂防霉	使用防霉剂，能使微生物菌体蛋白凝固、沉淀、变性，或破坏酶系统，使酶失去活性，从而有效地抑制和杀灭霉腐微生物，达到防霉变的目的
气调储藏防霉	气调储藏防霉是利用好氧型微生物需氧生存的原理，人为制造一个低氧环境，达到抑制微生物生命活动的目的
射线、微波防霉	射线（红外线、紫外线）、微波可以杀灭微生物。例如，红外线能使微生物细胞内温度迅速上升，使其因蛋白质凝固、核酸被破坏、菌体内水分汽化脱水而死亡

二、仓库的害虫与防治

仓库害虫，是指潜伏于仓库内并危害商品的各类昆虫。仓库害虫具有自身繁殖速度快、食性杂、环境适应能力强等特点。

常见的易虫蛀商品主要是一些含有较高营养成分，以动植物为原料加工制成的商品，如棉、麻、毛、丝等纺织品，毛皮及其制品、皮革及其制品，竹藤、草编制品，纸张及纸制品，木材及其制品，各类干鲜食品、加工食品，中药材，等等。

仓库害虫的防治，首先要摸清仓库害虫的生活习性和活动规律，然后采取积极的防治措施，杀灭害虫，使之不能为害。

常用的防治仓库害虫的方法有物理、化学和生物学等杀虫方法，见表 4-9。

表 4-9 常用的防治仓库害虫的方法

类型	方法描述	主要方法
物理方法	利用各种物理因素的作用，破坏害虫的生理机能或机体结构，使其不能生存或抑制其生长繁殖	高温杀虫法、低温杀虫法、射线杀虫法、微波杀虫法、气调杀虫法
化学方法	利用化学杀虫药剂杀灭害虫	熏蒸杀虫法、触杀杀虫法、胃毒杀虫法
生物学方法	利用害虫的天敌和人工合成的昆虫激素类似物来控制和消灭害虫	利用害虫的天敌直接捕食害虫； 利用人工合成的性信息素诱杀雄虫，致使雌虫不能繁育后代

三、金属商品锈蚀的防治

1. 什么是金属锈蚀

锈蚀是指金属制品与所接触的环境介质发生化学或电化学作用所引起的腐蚀破坏或变质现象。

金属锈蚀会在金属表面产生一层松散结构的物质，使金属表面失去光泽，严重时会改变金属原有的物理特性，导致金属制品使用价值降低，甚至失去使用价值。

2. 金属制品锈蚀的原因

（1）金属材料自身的原因。金属材料纯度越高，耐锈蚀性就越强。

（2）外界环境因素。金属制品在干燥的空气中不会被锈蚀，只有当空气的相对湿度达到一定程度，金属表面形成水膜，并溶入环境污物形成电解液膜时，金属才会锈蚀。

3. 金属制品的防锈

金属制品的防锈，除提高金属制品自身的防锈功能外，主要是针对影响金属锈蚀的外界因素而对金属制品进行相应的处理。金属制品的防锈方法见表 4-10。

表 4-10　　金属制品的防锈方法

防锈方法	防锈原理及防锈形式
化学改性处理	对金属制品表面进行化学处理，形成一层钝化膜防蚀，或表面镀锌、镀铬，或均匀化热处理等
控制储存环境的变化	储存环境应干燥、卫生、防雨并远离工矿区，防止有害污物和有害气体侵入
密封防锈和涂油防锈	在金属制品表面浸涂可剥性塑料或涂布一层防锈油脂薄膜，使金属制品表面与有害环境介质隔离开来，达到金属防锈的目的
气相缓蚀剂防锈	在金属制品包装时使用气相防锈纸，或在金属制品表面喷涂气相缓蚀剂，或在包装内放入挥发性气相防锈粉末等，达到防止长期储存金属制品锈蚀的目的

四、商品老化的预防

1. 什么是商品老化

商品老化，是指高分子材料及其制品，如塑料、橡胶、合成纤维等，在储存和使用过程中因受各种环境因素（空气、阳光、冷热变化、水及微生物等）的作用，其物理的和化学的性能逐渐变坏的性质变化现象。商品老化的主要表现如图 4-7 所示。

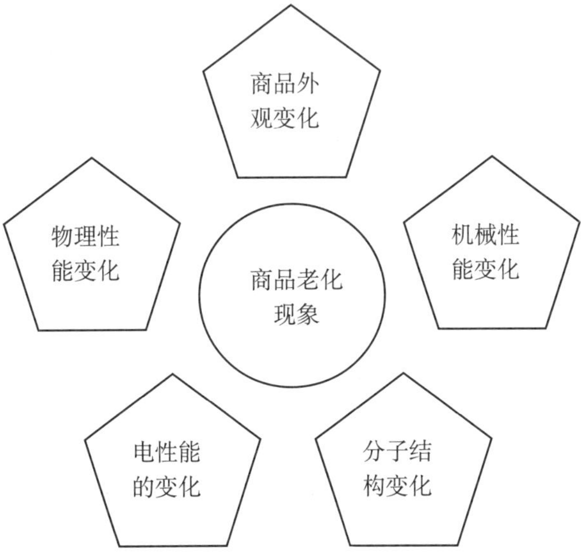

图 4-7　商品老化现象

（1）商品外观变化，如商品表面变色、失光等。

（2）物理性能变化，如比重、导热性、溶解度、透光性等变化。

（3）机械性能变化，如拉伸强度、冲击强度、疲劳强度、硬度、弹性等性能变化。

（4）电性能的变化，如材料的绝缘性能、介电常数、击穿电压等变化。

（5）分子结构变化，如分子量变化等。

2. 商品老化的原因

商品老化由内在和外在两方面因素引起，如表4-11所示。

表4-11 商品老化原因分析

老化原因	老化形式	老化表现
内在原因	高分子材料内部结构存在易于引起老化的弱点	不饱和双键和大分子上支链的存在
	其他组分的弱点	如塑料中的增塑剂会缓慢挥发，抗老化性能降低；着色剂会产生迁移性色变
	微量杂质	微量杂质会影响高分子材料表面电化学平衡，增加高分子材料化学不稳定因素
	成型加工条件	加工时由于温度不均衡，使材料内部机械应力不平衡，影响商品的耐老化性能
外在原因	光	日光中的紫外线会引起高聚物的光化学反应，导致高分子材料老化
	热	温度升高会使分子的热运动加速，从而促使高分子材料大分子氧化裂解或交联反应的产生
	氧	氧可以使某些高分子材料的抗张强度、硬度、伸长率等性能发生严重的变化

3. 商品防老化的方法

根据影响高分子材料老化的内外因素，采取相应的防老化措施，可以延缓高分子材料老化的发生，见表4-12。

表4-12 商品防老化的方法

防老化方法	原理与措施
材料改性	材料改性可以提高高分子材料本身对抗外界因素作用的稳定性，提高耐老化性能
物理防护	可以避免高分子材料受到光、氧等外界因素的影响。主要方法有：涂漆、涂胶、涂塑料、涂金属、涂蜡等
添加防老剂	能够抑制光、热、氧气、臭氧、重金属离子等对商品的老化作用，延缓商品老化进程。防老剂的种类主要有：抗氧剂、紫外线吸收剂、热稳定剂
加强管理，严格控制仓储条件	将库内温度、湿度控制在商品保管要求的范围内；避免阳光直射，不与腐蚀性商品同库存放

案例评析

金属保护可分为两大类：第一类是通过改变腐蚀过程本身实现防蚀；第二类是通过表面形成保护层防止金属材料直接接触腐蚀介质实现防蚀。人们称第一类为积极保护，第二类为消极保护。金属的积极保护包括正确选材、结构防蚀设计、腐蚀介质处理、电化学保护；金属的消极保护包括表面处理、表面改性、表面镀涂等。

任务四　对食品类商品储存与保鲜的认识

案例导入

超市生鲜品损耗的原因分析

生鲜品是超市经营流转最快的商品，也是超市商品损耗最难控制的商品。生鲜品如果管理不当，极易造成减量损失和品质劣变。可能造成生鲜品品质劣变和损耗的主要有：采购过程中造成损耗，订货过程中造成损耗，验收过程中造成损耗，加工过程中造成损耗，管理不善造成损耗。

思考:

怎样降低超市生鲜品存货的损耗?

知识探究

食品特别是鲜活食品，在储存过程中因受外界环境因素的影响，不仅会因物理损耗而发生减量损失，而且极易受到微生物等污染而腐败变质。食品储存期间，必须根据食品的特性、质量变化规律，采取必要的措施，加强质量管理，防止质量劣变。

一、食品在储存中的质量变化

食品在储存中，由微生物引起的质量变化主要是腐败、霉变和发酵等生物学变化，如图 4-8 和表 4-13 所示。

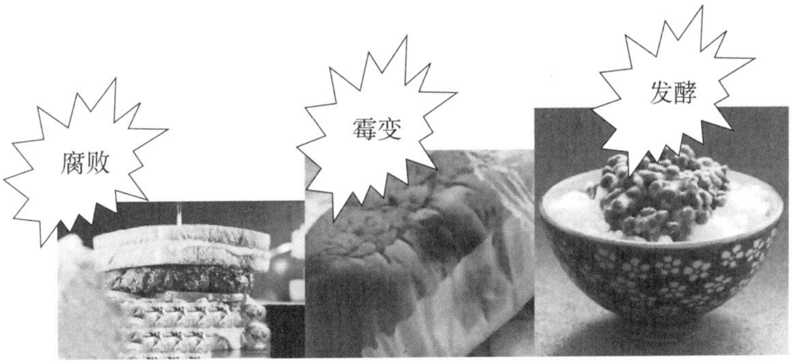

图 4-8　食品在储存中质量变化的形式

表 4－13　食品在储存中质量变化的形式

变质形式	描述	易变质的食品及其危害
腐败	腐败是由腐败微生物作用于富含蛋白质的食品，而使食品中的蛋白质分解变质的现象	富含蛋白质的动物性食品，如肉、鱼、蛋、奶等及其制品；植物性食品中的豆制品 食物腐败会分解为多种有酸臭味的有毒低分子化合物，同时产生有臭味的硫化氢气体
霉变	霉变是霉菌在食品上生长繁殖、吸收并分解食品中的营养成分，导致食品变质的现象	富含糖类的食品，如粮食及糕点类、干果、干菜、茶叶、卷烟以及水果、蔬菜等 霉变使食品受到污染，产生有毒物质
发酵	发酵是在酵母菌所分泌的酶作用下，使食品中的单糖发生不完全氧化的过程	易发酵的食品有酸奶、干酪、酒酿、泡菜、豆豉、腐乳等 食品发酵破坏了食品中的有益成分，使食品失去原有的品质，产生异味和有害物质

二、食品的保鲜储存方法

食品的保鲜储存方法主要有低温储藏、加热灭菌储藏、干藏、化学保藏、气调储藏、辐射保藏等，如图 4－9 所示。

图 4－9　食品的保鲜储存方法

1. 低温储藏

低温储藏，是利用低温抑制食品中的酶的活性和微生物的生长繁殖，降低食品的生化变化速度，延缓或阻止食品的腐败变质，实现较长时期保持食品质量的储藏方法。

低温储藏按照控制储藏温度的范围可分为冷藏和冻藏两种方法，见表 4－14。

表 4－14　食品低温储藏

类型	描述	适用范围
冷藏	冷藏是将储藏温度控制在 0℃～10℃的低温储藏方法	冷藏比较适合于水果、蔬菜、蛋类储藏
冻藏	冻藏是先将食品进行速冻或缓冻，然后在保持冻结状态的温度下储藏的方法	冻藏比较适宜鱼类、肉类较长时间的储藏，储藏的温度一般控制为－18℃

2. 加热灭菌储藏

加热灭菌储藏，是利用加热的方法杀灭食品中的绝大部分微生物和破坏食品中酶的活性的储藏方法。

经过加热灭菌处理的食品，必须采用密闭和真空包装，并及时冷却降温才能长期储存。加热灭菌的方法有高温灭菌法和巴氏消毒法，见表 4－15。

表 4－15　食品加热灭菌储藏

方法	描述	适用范围
高温灭菌法	加热温度至 100℃～120℃，灭菌效果好，可以达到使食品长期保鲜的目的	主要用于罐头食品和蒸煮袋装食品的灭菌处理
巴氏消毒法	高温短时间灭菌的温度为 80℃～90℃，加热 30 秒到 1 分钟	巴氏消毒法采用的加热温度低，对于食品的营养成分破坏较小，但灭菌不彻底，不适宜食品长期储存。一般用于鲜奶、果汁、果酒、清凉饮料等的保鲜
	低温长时间灭菌的温度为 60℃～65℃，加热时间为 30 分钟	

3. 干藏

干藏是利用干燥或脱水的办法，使食品的含水量降低到安全储存水分之下的食品储藏方法。

食品脱水干制后水分活性降低，可以抑制微生物的活动，达到防霉腐的目的。这种方法可以在较长的时间内保持食品的质量。常用于粮食以及木耳、蘑菇等的储藏。

4. 化学保藏

化学保藏是在食品生产和储运过程中使用化学制剂来提高食品的耐藏性，以保持食品原有品质特征的储藏方法。

化学保藏只需在食品中添加某些化学制剂，如化学防腐剂、生物代谢物或抗氧剂等，就能在室温下延长食品的保质期限。

5. 气调储藏

气调储藏主要用于水果、蔬菜的储存保鲜。

气调储藏方法主要有自然气调法、人工气调法和半自然降氧法等，见表 4－16。

表 4－16　气调储藏方法

方法	描述
自然气调法	将果蔬储存于一个密封的库房或容器内，通过果蔬本身的呼吸作用，消耗库房和容器内的氧气，会形成一个抑制果蔬本身呼吸作用的气体环境，达到延长果蔬储藏期的目的
人工气调法	人为地使封闭空间内的氧含量迅速降低，二氧化碳含量升高，造成一个抑制果蔬本身呼吸作用的气体环境。人工气调法有充气法和气流法等
半自然降氧法	首先采用人工降氧法将储藏室的含氧量从 21%降到 10%左右，然后依靠果蔬本身的呼吸作用来消耗氧气，之后再根据气体成分的变化进行调节，使储存环境中的空气含氧量始终保持在规定的范围内

6. 辐射保藏

辐射保藏是利用穿透力强的射线照射食品，进行灭菌、杀灭害虫、抑制鲜活食品生物活性等，以延长食品保藏期的储藏方法。

辐射保藏对一般食品，如肉类、水产品、蛋类、粮食和其他加工产品，可以起到灭菌防腐和杀灭害虫的作用；对水果、蔬菜等鲜活食品，可以抑制发芽和后熟过程，防止这类食品品质变劣。

案例评析

库存控制是生鲜食品管理中非常重要的一个环节，超市应该对市场需求进行有效预测，减少生鲜食品的库存量。同时，通过加强内部管理来最大限度减少缺货现象的发生。

为了避免和防止鲜活易腐、易烂、易变质的生鲜食品在超市中的过量损耗，在储存方面应采用多种保鲜、养护手段，确保生鲜食品在储存期的质量安全。

任务五　商品库存管理基本方法

案例导入

联华超市假期型货品的物流模式

联华超市在春节、国庆节等旺季做自动补货时，会参考上一年同一假期的数据，来预测今年的出货数据，计算库存保有量和供应商采购量。联华超市在计算机系统中添加假期信息，在假期出货时，系统会自动将历史同假期的销售量作为参考系数，修正系统建议值。

思考:

超市在节假日期间补货时，为什么要参考上一年同一假期的数据，来预测今年的出货数据和计算库存保有量?

知识探究

一、对商品库存的认识

1. 什么是商品库存

商品库存是与商品储存密切联系的一个概念。商品储存是指商品离开生产领域，尚未进入消费领域之前，在流通阶段的停滞，侧重于对商品存放地点的环境和条件的要求，其目的是保存商品，确保商品质量不发生变化。

商品库存是指储存商品的种类和数量表现，即储存商品种类的区分和数量的界定。商品的库存管理，也称库存控制，是使商品库存水平保持在经济合理水平上的一种管理活动，既包括对储存商品的分类管理，也包括对储存商品的数量管理，其目的是实现商品经营管理利益的最大化。

2. 商品库存的意义

（1）调解商品产销在时间上的矛盾。

多数商品的生产时间和消费时间并不一致，有些商品是季节生产、常年消费，有些商品则是季节消费、常年生产，商品库存可以调解商品在生产与消费之间的时间矛盾。

（2）调解商品产销在地域上的矛盾。

许多商品是一地生产多地消费，这些异地产销的商品，必须经过相应的运输、储存环节，才能实现商品从生产领域到消费领域的转移。

（3）调解市场供求矛盾。

商品储存的目的是保证商品销售，满足消费者需求。在商品流通过程中可能会出现供不应求和供过于求的情况，商品储存就起到了调解供求矛盾的作用。

3. 商品库存的分类

商品库存从不同的角度看，有多种类型，其中按库存在流通中的作用划分，分为周转库存、安全库存和调节库存。

（1）周转库存，是为满足日常生产经营需要而设定的库存。周转库存应保持在合理水平上，既要保证生产经营需要，又不能积压过多，以降低商品采购与储存总费用。周转库存一般采用经济批量订购法补充库存。

（2）安全库存，是为了防止不确定因素的发生而设置的库存。例如销售量意外增加、供货商供应延迟等，需要设定一定水平的安全库存来保证供货不中断。

（3）调节库存，是用于调节供求不平衡而设置的库存。例如企业为了应付季节性销售而提前采购所形成的库存，企业为了应付采购困难或原材料涨价而设置的库存，还有的是战略储备性库存等。

4. 商品库存管理的基本流程

为了保证储存商品的质量，防止商品损耗，在储存期间，要做好商品库存的管理工作。

商品库存管理，一般包括入库验收、货位安排、商品堆码、在库检查、商品出库等几个环节，见图 4－10。

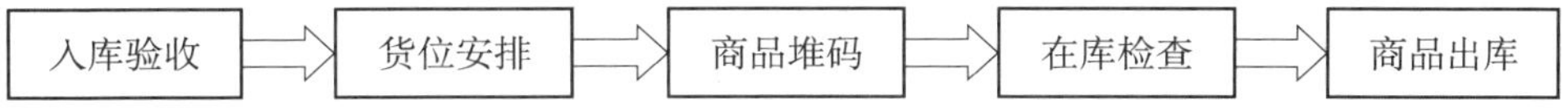

图 4－10　商品库存管理流程

（1）入库验收。

商品入库验收，是商品库存管理的首要环节，主要包括数量验收、质量验收和包装验收三个环节，见表 4－17。

表 4-17 商品入库验收

验收方法	验收要求
数量验收	核对单据与货物（商品品名、编号、货号、规格、数量）是否一致，保证单货相符
质量验收	查看包装内装商品质量是否有不良情况，有无霉变、腐蚀、虫蛀、鼠咬和其他物理、化学变化发生
包装验收	检查商品的包装有无沾污、受潮、残破等

（2）货位安排。

商品性质不同，对储存场所的要求也不同。应根据储存商品的特性来选择合适的商品储存场所，以确保在库商品安全，见表 4-18。

表 4-18 不同商品库存货位的安排

商品类别	储存货位要求
怕热和易挥发商品	选择比较阴凉和通风良好的仓库
怕冻的商品	选择保温性较好的仓库，并备有保温设施
怕潮、易霉或易生锈的商品	存放在地势较高、比较干燥通风的库房
鲜活易腐商品	存放在低温库内
危险品	专库存放，仓库须符合防毒、防爆、防燃、防腐蚀的要求

商品存放库房和货位的选择，要做到分区分类，科学存放。即品种分开、干湿分开、新陈分开、好次分开，尤其是对性质相抵和消防方法不同的商品，不可同库混放，以免互相影响，发生事故。

（3）商品堆码。

商品堆码是指商品的堆放形式和方法。商品堆码应遵循安全、方便、多储的原则。

商品堆码形式要根据商品的种类、性能、数量和包装情况以及库房高度、储存季节等条件决定，不同的商品，堆码方法也应有所不同。

商品堆垛存放要做到分区分类、货位编号、空底堆码、分层标量、零整分存，以便于盘点和出入库。

（4）在库检查。

商品在储存期间，因商品的内在因素或储存环境条件因素，可能会导致商品质量发生变化。因此，对于库存商品要做定期的质量检查，并根据检查结果随时调节储存条件。

商品检查方法以感观检查为主，必要时利用检测设备进行理化检验。对检查中发现的问题应立即分析原因，采取相应的补救措施，以保证商品的安全。

（5）商品出库。

商品出库的基本要求如下：

1）商品出库必须有业务部门开具齐备的提货单，检查无误后才能办理商品出库手续。

2）交付商品时，要凭单认真核对品种、规格、数量，确保不错、不漏，单货同行。

3）商品的包装完整，标志准确、清晰，符合运输要求。

4）对预约提货的商品，应及早备货。

5）商品出库应符合先进先出、接近失效期先出、易坏先出的擱　瘸鰯原则，变质失效的商品不准出库。

二、商品库存管理方法

商品库存管理方法很多，这里介绍一种比较简单实用的管理方法——ABC 管理法。

1. ABC 管理法的基本思想

从商业经营的角度来看，连锁企业和大型商业企业集团经营的商品种类都比较多，而且各个品种的价格有高有低，周转速度有快有慢，对企业利润的贡献也大不相同。由于企业资源的限制，如果对所有库存商品都给予相同程度的重视是非常困难也是不经济的。为了使有限的企业资源得到充分利用，商业企业必须对库存商品按对企业利润的贡献程度进行分类管理，将管理的重点放在重要的商品上，即依据库存商品的重要程度分别进行分类管理，这就是 ABC 管理法的基本思想。

2. ABC 管理法的模型设计

所谓 ABC 管理法，就是以某类库存商品品种数占库存商品总数的百分数，和该类商品金额占库存商品总金额的百分数大小为标准，将库存商品分为 A、B、C 三类，进行分级管理。

ABC 管理法的基本原理是：对企业库存商品按其重要程度、价值高低、资金占用多少或消耗数量进行分类、排序，一般 A 类商品数量占全部库存商品的 10%左右，而其金额占库存总金额的 70%左右；B 类商品数量占全部库存商品的 20%左右，其金额也占库存总金额的 20%左右；C 类商品数量占全部库存商品的 70%左右，而其金额只占库存总金额的 10%左右。这样就能分清主次，抓住重点，并分别采用不同的控制方法。ABC 管理法的模型见表 4－19。

表 4－19　　ABC 管理法的模型

类别	占库存资金百分比	占库存商品总数百分比
A	70%左右	10%左右
B	20%左右	20%左右
C	10%左右	70%左右

3. ABC 管理法中商品类别的划分

采用 ABC 管理法管理库存商品时，ABC 分类的标准是库存中各品种商品每年销售的金额。将年销售金额由高到低排序，年销售金额排在前 70%的商品品种划归为 A 类，年销售额排序在 70%～90%的商品品种划归 B 类，年销售额最低的 10%的商品品种划归 C 类。在 ABC 管理法的具体应用中，商品类别标准的划分没有统一的规定，可以根据企业对库存商品管理的要求、各商品对企业的重要程度以及企业管理的需要做适当的调整。

4. ABC 管理法的基本管理准则

A 类商品库存品种少，但占库存周转金额的比例大，应当投入较大的力量精心管理，严格控制，防止缺货或超储，尽量将库存水平压低，并保持最高的服务质量。即对这类商品进行重点跟踪，重点关注，设置较低的安全库存量，降低批次进货量，勤进货、少进货，以降低采购存货总成本。

B类商品营业额和商品品种所占比重都比较小，对企业利润的影响也较小，可以降低对这类商品的关注度，实行一般管理，即适当加大进货批量，保持较多的安全库存，减少进货次数，以便降低管理工作量。

C类商品品种多，但销售金额比重小，对企业的经营影响最小，企业对其管理也最不严格。一般是集中大量订货，以较高的库存来减少订货费用，压缩管理总成本。

案例评析

超市平时每日的销售量处在一个相对稳定的水平上，可以按照常规库存管理办法对库存进行控制。节假日期间超市会出现不同程度的客流高峰，利用超市历史同期销售具有相似性的特征，可以推断、预测未来节假日可能出现的市场销售情况。为了保证节假日期间超市的正常供应，超市要提前做好节日商品供应的库存储备工作。

答疑解惑

本项目的教学，展现了各类商品质量变化的形式、质量变化的原因、质量变化的危害，阐述了防止各类商品质量变化的有效方法，解决了控制商品储存期间质量变化的问题。

项目小结

本项目从对商品储存期间质量变化形式的认识开始，探讨商品使用价值保存的问题。项目分析了影响商品质量变化的因素，介绍了工业品和食品商品储存与养护的知识，最后从商品管理的角度探讨了商品库存管理的基本方法。

商品在储存期间受其自身的组成特性和外界因素的影响，会发生物理的、机械的、化学的以及生理生化变化。影响商品质量变化的外界因素主要有氧气、日光、温度、湿度、微生物和害虫等。

工业品在储藏过程中会发生霉变、虫蛀、锈蚀和老化等变化。针对引起工业品质量变化的原因，采取相应防治措施，降低商品储存期间的损失；食品在储藏期间的质量变化表现为腐败、霉变和发酵等。食品保鲜储藏的方法有：低温储藏、加热灭菌储藏、干藏、化学保藏、气调储藏、辐射保藏等。

商品库存管理重点分析和研究了储存商品“类别”管理和“量”的管理问题，介绍了ABC管理法。

实训练习

一、基础训练

(一) 判断题（正确的打“√”，错误的打“×”）

1. 腐败是指霉菌在有机商品上生长繁殖而导致商品变质的现象。(　　)

2. 霉变是由腐败微生物作用于富含蛋白质的食品，使食品中的蛋白质分解变质的现象。(　　)

3. 对商品影响较大的霉腐微生物主要是细菌、霉菌和酵母菌。(　　)

4. 仓库害虫主要危害以动植物为原料加工制成的各类商品。(　　)

5. 多数霉菌属于喜湿性微生物，生长所需的相对湿度在80%～90%。在相对湿度低于75%的条件下不能正常发育。(　　)

6. 金属制品锈蚀与金属材料本身的组成成分有关，金属材料纯度越高，金属的耐锈蚀性就越强。(　　)

7. 冷冻储藏比较适合于水果、蔬菜、蛋类商品的储藏。(　　)

8. 巴氏消毒法是利用药物灭菌的方法保鲜食品。(　　)

9. 商品储存指的是商品离开生产领域，尚未进入消费领域之前，在流通阶段的停滞。(　　)

10. 商品库存是指储存商品的种类和数量表现，即储存商品种类的区分和数量的界定。(　　)

(二) 单项选择题（请将你认为最合适的选项代号填入括号中）

1. 挥发是指商品的(　　)。

A. 形态变化　　B. 性质变化

C. 物理变化　　D. 化学变化

2. 只改变物质的外表形态，不改变其本质，没有新物质生成的变化称为(　　)。

A. 物理变化　　B. 化学变化

C. 生物学变化　　D. 生理学变化

3. 霉菌的危害表现在(　　)。

A. 引起富含脂肪、蛋白质食品腐败

B. 能引起绝大部分日用工业品、纺织品和食品霉变

C. 能引起有机类商品分解

D. 微生物的排泄物会污染商品，造成商品质量下降

4. 腐败性细菌的危害主要是(　　)。

A. 分解纤维素、淀粉、蛋白质、脂肪等物质

B. 引起商品霉变

C. 导致食品发酵

D. 分泌有毒物质

5. 下列商品中，较易发生霉变的是(　　)。

A. 金属制品　　B. 塑料制品
C. 皮革及其制品　　D. 玻璃及陶瓷制品
6. 利用害虫的天敌直接捕食害虫的方法是(　　)。
A. 物理杀虫法　　B. 化学杀虫法
C. 生物杀虫法　　D. 自然杀虫法
7. 腐败微生物作用于(　　)的食品。
A. 富含蛋白质　　B. 含糖量高
C. 富含维生素　　D. 富含矿物质
8. 可以使鱼类、肉类等食品长期储藏的条件是(　　)。
A. 冷藏　　B. 冻藏
C. 常温储藏　　D. 高温储藏
9. 为满足日常生产经营需要而设定的库存是(　　)。
A. 周转库存　　B. 临时库存
C. 安全库存　　D. 调节库存
10. 安全库存指的是(　　)。
A. 为满足日常生产经营需要而设定的库存
B. 为了防止不确定因素的发生而设置的库存
C. 用于调节供求不平衡而设置的库存
D. 用于临时补货的库存
(三) 多项选择题（选择两个或两个以上的选项代号填入括号中)
1. 下列选项中，属于物理变化的是(　　)。
A. 氧化　　B. 渗漏
C. 沉淀　　D. 沾污
2. 下列选项中，属于化学变化的是(　　)。
A. 氧化　　B. 老化
C. 溶化　　D. 挥发
3. 下列商品质量变化的选项中，是氧气直接作用的结果的是(　　)。
A. 金属制品锈蚀　　B. 商品氧化
C. 商品潮解　　D. 液体商品挥发
4. 日光对商品养护的正面作用是(　　)。
A. 能够杀灭微生物和商品害虫
B. 可以使商品免受冻害
C. 可以使受潮商品中的水分迅速蒸发，保持干燥
D. 可以使液体商品挥发
5. 霉腐微生物生长繁殖与(　　)等外界环境条件有关。
A. 水分和湿度　　B. 温度
C. 光线　　D. 空气成分
6. 下列选项中，可以用于防治储存商品霉变的方法是(　　)。
A. 将仓库密闭　　B. 利用化学药剂防霉

C. 用气调法储藏商品　　　　D. 利用射线、微波防霉

7. 微生物能使食品商品发生(　　)变化。

A. 破损　　　　B. 腐败

C. 霉变　　　　D. 发酵

8. 食品保鲜可以采取(　　)等方法进行储藏。

A. 低温储藏　　　　B. 加热灭菌储藏

C. 化学保藏　　　　D. 气调储藏

9. 在 ABC 管理法的模型中，A 类商品占(　　)。

A. 库存资金 70%左右　　　　B. 库存资金 20%左右

C. 库存商品总数 10%左右　　　　D. 库存商品总数 70%左右

10. 下列选项中，说法正确的是(　　)。

A. A 类商品库存品种少，但占库存周转金额的比例大

B. B 类商品营业额和商品品种所占比重都比较小，对企业利润的影响也较小

C. C 类商品品种多，但销售金额比重小，对企业的经营影响最小

D. 各类商品库存金额最好近似相等

二、拓展训练

任务：到超市进行实地考察，观察各类食品货架和食品的摆放方式，了解各类食品储存保管的特点、保鲜储存方式。

要求：做好各类食品储存、保鲜保管方法调研记录，对调研结果进行对比分析，比较其不同之处。

目的：认识各类食品的储存特性和储存保管各类食品的基本方法。

训练方式：小组集体走访调查。

项目五 商品分类管理

问题引入

商品是企业进行经营活动的物质条件，也是企业经营活动的对象。企业经营活动的组织者和管理者，除了要具备必要的经营管理知识外，还必须具备企业所经营商品的相关知识，否则，就无法对企业的经营活动进行有效的组织和管理。学习商品知识，是做好企业经营管理工作的基本前提。

任务导读

本项目以消费品商品为研究对象，分别介绍与人们生活关系密切的日用工业品、食品、纺织品、家用电器等商品的分类管理知识，引导学生进入商品管理知识的情境，激发学生学习商品管理知识的兴趣。

学习目标

- 认识日用工业品商品的分类管理
- 认识食品商品的分类管理
- 认识纺织品商品的分类管理
- 认识家用电器商品的分类管理

任务一　日用工业品商品管理

案例导入

牙膏列入化妆品监管

在《化妆品标识管理规定》出台之前，牙膏、牙刷、牙线等用于牙齿和口腔的产品并没有明确的属性规定，使得这类产品的监管处于灰色地带。2008 年 9 月 1 日，《化妆品标识管理规定》开始施行。该规定中的两点被业内视为关键：一是明确规定化妆品标识要标注全部成分；二是把牙膏列入化妆品的管理范畴。该规定第一次对我国所生产的牙膏产品的属性作出了明确界定，并且明确指出"治疗牙周炎、修复口腔溃疡、预防牙龈萎缩"等宣传疗效的字眼禁止用于牙膏标签。

思考：

牙膏是属于洗涤用品还是属于化妆品？

知识探究

一、日用工业品的含义及种类

日用工业品是满足人们日常使用和美化生活需要的产品。日用工业品种类繁多、用途极其广泛，从产品类别来看，主要包括洗涤用品、化妆品、塑料制品、玻璃制品、陶瓷搪瓷制品等类别。

1. 洗涤用品

洗涤用品是具有清洁、去污作用的日用生活消费品。家用洗涤用品主要是指衣物洗涤用品、个人清洁用品、厨房清洁用品以及其他清洁用品。洗涤用品的种类很多，常见的大类见表5-1。

表5-1 洗涤用品的分类

产品类别	产品描述	主要产品
肥皂	肥皂是用油脂与碱经过皂化作用制成的高级脂肪酸盐为主要成分，并辅以各种辅助原料制成的产品。肥皂的主要功能是清洁人体皮肤及衣物，如洗脸、洗澡、洗衣服等	洗衣皂、香皂、药皂、液体皂
合成洗涤剂	合成洗涤剂是以合成表面活性剂为主要成分，并添加助洗剂和辅助剂配制而成的一种家用洗涤剂	洗衣粉、餐具洗涤剂

2. 化妆品

根据2007年8月27日国家质检总局公布的《化妆品标识管理规定》，化妆品是指以涂抹、喷、洒或者其他类似方法，散布于人体表面（如皮肤、毛发、指趾甲、口唇齿等），以达到清洁、保养、美化、修饰和改变外观，或者修正人体气味，保持良好状态为目的的产品。

化妆品的品类繁多，按用途不同可将化妆品分为清洁用化妆品、护肤用化妆品、营养用化妆品、美化用化妆品等几大类，见表5-2。

表5-2 化妆品的分类

产品类别	功能描述	主要产品
清洁用化妆品	能够去除人体皮肤、毛发、口腔以及其他部位分泌或沾染的不洁之物，保持人体清洁卫生	清洁霜、洁面乳、牙膏
护肤用化妆品	能使皮肤、毛发等柔润、光泽而富有弹性	雪花膏、乳液、防晒霜、润肤霜、爽身粉、发乳、护发素
营养用化妆品	能够补充皮肤和毛发组织所需要的营养，促进皮肤和毛发新陈代谢，增加人体皮肤、毛发组织的活力和含水量，减少皱纹、防止脱发等	珍珠霜、生发水、人参营养霜、蜂王营养霜、貂油营养霜、芦荟营养霜、维生素E营养霜、滋养润肤乳液
美化用化妆品	能够美化容颜、散发香气，增加人体魅力	粉底、胭脂、眼影、眼线、口红、发胶、香水、指甲油

3. 塑料制品

塑料即可塑性材料，是一种以高分子合成树脂为主要成分，在一定的温度和压力下塑制成型，在常温下保持形状不变的材料。塑料通过加热可以变软熔化，将熔化的塑料注入模具中冷却，重新凝固成一定形状的固体，就制成了各种用途的塑料制品。

塑料制品有许多优良特性，如具有较高的强度和较好的气密性，耐腐蚀，不生锈，绝缘性能好。塑料的主要品种及用途见表5-3。

表 5-3 塑料的主要品种及用途

主要品种	性能特征	主要产品及用途
聚乙烯塑料（PE）	质轻、无毒、无味、不易脆化，化学稳定性好，有较好的柔韧性、冲击性能、成膜性和绝缘性	薄膜、食品袋、奶瓶、杯子、肥皂盒、玩具、水桶、热水瓶外壳、管道、电绝缘制品等
聚氯乙烯塑料（PVC）	透明度好、色泽鲜艳、结构较紧密、耐腐蚀、耐老化，电绝缘性和气密性较好、机械强度高，有较好的阻燃性，但不耐寒，低温下会变硬变脆	农用薄膜、雨衣、台布、手提袋、肥皂盒、梳子、文具盒、下水道管材、塑钢门窗
聚丙烯塑料（PP）	外观呈乳白色半透明状，无毒、无味，耐腐蚀、耐冲击、耐磨、耐热，有较好的强度、硬度及弹性、韧性和耐弯曲性能	适合制造各种日用容器，如盆、盘、碟、盒、杯、罐、桶等
聚苯乙烯塑料（PS）	属于硬质塑料，硬度高、质轻、表面光滑、富有光泽，耐水、无毒、无味，具有较好的化学稳定性、透光性和电绝缘性	适合制作盘、杯、碟、盒、梳子、牙刷柄、学生用尺等日用品
有机玻璃（PMMA）	质轻、无毒、脆性小，抗冲击强度高，透明度高，但其表面硬度低，耐磨性、耐热性差，遇火易燃烧	适合制造挡风玻璃、光学仪器、文具以及日用装饰品
尼龙塑料（PA）	白色半透明，无毒、无味，强度极高，耐磨性十分优良，坚韧牢固，耐油、耐弱酸碱，不耐热，较耐寒	可用于制作各种耐磨的日用品，如刷子、拉链、表带、自动门滑轮、球拍网线等
密胺塑料（MF）	无毒、无味、色泽鲜艳，外观和手感似瓷器，具有较高的强度、硬度和抗冲击性能，耐水、耐热、难燃、耐酸碱	适宜制作杯、盘、碟、盒等食物容器和餐具，也可以制成各种装饰物件及日用电器外壳

4. 玻璃制品

玻璃属于硅酸盐一类无机物，是以二氧化硅为主要原料，与某种金属氧化物按一定比例混合，经高温熔融后再冷却固化而形成的非晶态的透明固体物质。

玻璃具有透明、质地坚硬、耐磨、耐腐蚀、化学稳定性好等优良特性和良好的光学性质。以玻璃为原料制成的日用品美观精致、经久耐用、洁净卫生，深受人们的喜爱。

日用玻璃制品的种类较多，常见的分类见表 5－4。

表 5-4 日用玻璃制品的分类

分类方法	类型	主要产品
按用途分类	酒具类	各式普通酒杯、高脚酒杯
	水具类	水杯、凉水具、冰桶、饮料杯
	餐具类	各种造型的碗、盘、碟等以及调味品瓶、罐器皿等
	炊具类	可用明火、电和微波加热的玻璃器皿，如咖啡壶、平底煎锅
	杂件类	各种造型的烟灰缸、化妆品用器皿、储物器皿等
按加工成型的方法分类	吹制品	保温瓶胆、高脚酒杯、花瓶等
	压制品	玻璃碗、盘、碟、烟缸等
	拉制品	各种手工制作的玻璃工艺品

5. 陶瓷、搪瓷制品

（1）日用陶瓷制品。

陶瓷是陶器和瓷器的通称，是利用黏土和矿石粉加工成型后经高温烧制而成的硅酸盐制品。

日用陶器是以黏土和黏钒土为原料，经加工成型、素烧、施釉等工序，再经烧制而成的烧结制品。

日用瓷器是以黏土、瓷土、长石和石英等为主要原料，配入少许矿物岩石和化工原料，经过原料加工、成型、干燥、施釉等工序，再经高温煅烧而制成的一种白色、半透明的质地致密的烧结制品。

陶器比瓷器烧结温度低，烧结度差，玻璃化程度低，结构较疏松，有微孔，断面粗糙，机械强度较低，吸水率较高，敲击声音低沉，多数为黄褐色或红褐色不透明体。日用陶瓷制品的分类及品种见表5－5。

表5－5　日用陶瓷制品的分类及品种

产品类别	分类	类型	主要产品
日用陶器	按用途分	普通陶器	缸、坛、罐等
		餐饮陶器	精陶厨具、精陶餐具、精陶茶具、精陶酒具、精陶咖啡具等
		陈设陶器	精陶花盆、精陶盆景、艺术彩陶、烟灰缸、笔筒等
日用瓷器	按瓷种分	日用瓷器	碗、盘、碟、杯
		骨灰瓷器	高级水具、酒具
		日用玲珑瓷器	杯、盘、碟、匙
		彩釉器	碗、盘、碟、杯，工艺品
	按花面装饰方式分	釉上彩	碗、盘、碟、杯
		釉中彩	碗、盘、碟、杯
		釉下彩	碗、盘、碟、杯，工艺品
		色釉瓷	碗、盘、碟、杯

（2）日用搪瓷制品。

搪瓷制品是指在金属坯体表面涂搪瓷釉，经过熔烧而制得的产品，习惯上简称为搪瓷。搪瓷制品既有金属的机械强度，又有瓷釉优良的物理和化学特性，表面光亮、清洁、易清洗，耐酸碱腐蚀，耐高温严寒，装饰性强。日用搪瓷制品的分类及品种见表5－6。

表5－6　日用搪瓷制品的分类及品种

分类	类型	产品
按用途分	搪瓷饮食用具	碗、盘、碟、匙、杯
	搪瓷卫生用具	面盆、水池、浴缸
	其他	盒、桶、盂

二、日用工业品的质量要求

日用工业品种类繁多、用途各异，对这类商品质量的基本要求是：适用性、耐用性、卫生性和安全性、美观性、结构合理性等。

1. 适用性

适用性是指日用工业品为满足其规定的用途所必须具备的性能或质量要求。

2. 耐用性

耐用性是指日用工业品能抵抗各种外界因素对其破坏的能力，它决定了日用工业品坚固耐用的程度和使用寿命。

3. 卫生性和安全性

卫生性和安全性是指日用工业品在使用过程中应具备的，有关保护消费者健康和人身安全的各种性能。

4. 美观性

日用工业品的外观质量包括两方面内容：一是商品的外观疵点或缺陷；二是商品的表面装饰，如造型、款式、色彩、花纹、图案等。

5. 结构合理性

结构合理性是指日用工业品的形状、大小及部件组配的合理程度。

案例评析

牙膏本身具有洗涤和美化双重功能，过去人们一直认为牙膏的使用功能是洁齿，因此牙膏自然被列入洗涤用品类别当中。随着社会的发展，牙膏的使用功能不断扩展，牙膏的保健功能和美化功能日益凸显，说明牙膏是一种兼具洗涤和美化功能的日用化工产品。2008年，国家质检总局以文件的形式将牙膏正式列入化妆品的管理范畴，这是对牙膏产品属性的明确界定。

任务二 食品商品管理

案例导入

《2015年全球食品安全指数报告》发布 中国排名第42位

《2015年全球食品安全指数报告》依据世界卫生组织、联合国粮农组织、世界银行等权威机构的官方数据，通过动态基准模型综合评估109个国家的食品安全现状，并给出总排名和分类排名。

据了解，全球食品安全指数包括食品价格承受力、食品供应能力、质量安全保障能力三个方面28个定性和定量指标。在食品价格承受力、食品供应能力、食品质量安全保障排名方面，中国分别以 61.0 分、65.2 分、69.3 分位列第 50 名、第 39 名、第 38 名，报告将中国列入良好一档。

数据显示，在国家综合排名方面，109 个被评估国家平均分约为 49.3 分，其中，美国以 89.0 分位居全球第一，新加坡和爱尔兰以 88.2 分和 85.4 分位列第 2、第 3 位。中国以 64.2 分排在第 42 位，位居上游。

思考:

你对中国食品安全问题持什么态度？

知识探究

一、食品的含义及分类

食品是指能够提供人体生长发育所必需的营养物质的物品，是人类最基本的生存资料。广义的食品，泛指能维持人类生存、具有一定营养价值、可供食用的各类天然产物及加工制成品的总称。狭义的食品，是指以农产品、畜产品和水产品为主要原料加工成的可供食用的产品。如各类粮食、肉、鱼、蛋、乳、果蔬类产品以及制成品。

食品的种类十分丰富，常见的分类见表 5－7。

表 5－7　　食品的分类

分类依据	分类类型	主要商品
根据食品的来源分类	植物性食品	粮食、蔬菜、水果
	动物性食品	鱼、肉、蛋、奶
	矿物性食品	食用盐类
根据食品在膳食中的比重分类	主食品	粮食类产品
	副食品	鱼、肉、蛋、奶、蔬菜等
根据原料来源及商业经营习惯分类	粮食类	大米、面粉
	油脂类	豆油、花生油、芝麻油
	蔬菜水果类	西红柿、卷心菜、梨、苹果
	肉食禽蛋类	牛肉、鸡蛋
	糖果糕点类	食糖、面包
	烟酒饮料类	卷烟、汽水
	豆制品类	豆芽、豆腐
	水产品类	鱼、虾、蟹
	乳及乳制品类	鲜奶、乳粉、奶酪
	菌产品类	蘑菇
	调味品类	酱油、醋
	其他类	

二、食品的营养成分

营养成分也称营养素，是指食品能给人体提供的维持正常生理功能所必需的物质。食品中所含有的营养素主要有：水、糖类、脂类、蛋白质、膳食纤维、维生素、矿物质七大类，如图 5－1 所示。

图 5－1　食品的营养成分

三、对食品质量的认知

对食品质量的基本要求是有一定的营养价值，具有良好的色、香、味、形和卫生无害性。

1. 食品的营养价值

食品的营养价值有三个指标：营养成分、可消化率、发热量，见表 5－8。

表 5－8　食品的营养价值指标

营养价值指标	指标描述	举例
营养成分	指人体生长发育所必需的营养物质	糖类、蛋白质、脂肪、维生素、粗纤维、矿物质及水分
可消化率	指食品在食用后，各种营养成分能被人体消化吸收的程度	动物蛋白质人体消化吸收率可达 90%以上；植物蛋白质人体消化吸收率只有 60%左右
发热量	指食品的营养成分经人体消化吸收后在人体内产生的热量	1 克碳水化合物可产生约 4 千卡热量 1 克蛋白质可产生约 4 千卡热量 1 克脂肪可产生约 9 千卡热量

2. 食品的色、香、味、形

食品的色、香、味、形是指食品的色泽、香气、滋味和外观形态。食品的色、香、味、形是食品的新鲜程度、成熟程度、加工精度、品质特点以及质量变化情况的重要外观指标。

3. **食品的卫生无害性**

食品的卫生无害性是指食品中不应含有或不能含有超过限量的有害物质和微生物等。影响食品卫生的主要因素见表5-9。

表5-9　影响食品卫生的主要因素

影响因素	举例
食品自身产生的毒素	河豚的肝脏、血液和卵等部位含有河豚毒素；毒蘑菇、苦杏仁、土豆发芽部分含有氰苷龙葵类毒素
生物对食品的污染	微生物、昆虫、鼠类以及寄生虫等对食品造成的污染
生产加工过程对食品的污染	在食品加工过程中如超范围使用防腐剂或添加剂等
流通过程对食品造成的污染	食品在运输、储存、销售等流通环节，可能会因养护管理不善而受到污染或发生变质
环境或化学品造成的污染	工业上“三废”不合理排放，以及化肥、农药使用不当对食品造成的污染

案例评析

目前我国食品安全状况在世界排名中虽然已列入良好一档，但是仍然不能掉以轻心。我国近年来发生的多起食品安全事故，足以证明食品安全问题仍然是我国严重的社会问题之一，必须时刻警惕食品安全问题的发生。

任务三　纺织品商品管理

案例导入

服装消费观念分析

生活水平低质时期的服装观念：

(1) 服装是护体之物；

(2) 服装是遮羞之物；

(3) 服装是生活习惯和风俗；

(4) 服装是社会规范的需要。

生活水平高质时期的服装观念：

(1) 服装是生活快乐之物；

(2) 服装是机能活动之物；

(3) 服装是心理满足之物；

（4）服装是社会流行要求之物。

思考：

为什么不同时期会有不同的服装消费观念？

知识探究

一、认识纺织品及纺织纤维

1. 纺织品的概念

纺织品是用纺织工艺生产和加工成的产品，又称机织物或梭织物。针织品是用针织工艺生产和加工成的产品。纺织品与针织品的不同之处是，纺织品需要经过剪裁才能制成服装，针织品则是在针织机上一次织造成型。

2. 纺织纤维

纺织品的初始原料是纤维。纺织纤维柔软且有弹性，并具有一定的耐磨性和抗拉伸性。纺织纤维按其来源可分为天然纤维和化学纤维两大类。

（1）天然纤维。

天然纤维由植物纤维和动物纤维组成，棉花、麻类等纤维属于植物纤维，蚕丝、羊毛等均属于动物纤维。

（2）化学纤维。

化学纤维主要包括人造纤维和合成纤维，人造纤维的代表品种是黏胶纤维，合成纤维的主要品种有涤纶、锦纶、腈纶等。

3. 主要纺织纤维的性质特点

主要纺织纤维的性质特点见表 5-10。

表 5-10　主要纺织纤维的性质特点

纤维类别	主要纤维品种	主要性质特点	主要产品
天然纤维	棉纤维	白色或淡黄色，天然捻曲，吸湿性、透气性、保暖性较好，耐碱不耐酸；易缩、易皱，耐日光性较差，易受微生物侵害	适宜制作时装、休闲装、内衣和衬衫等
	麻纤维	刚性大，强度高，吸湿性和散热性好，耐碱不耐酸；缺点是弹性差，伸长率小，染色性差，穿着保型性差	是较理想的夏季衣料，可用来制作汗衫、裙装、衣裤等
	蚕丝	白色微黄，手感柔软、滑爽而富有弹性，耐酸不耐碱。其产品特点是轻薄、柔软、滑爽、透气、色彩绚丽，穿着舒适	绫、罗、绸、缎、绢、纱、锦、绣等都属于丝绸，是制作休闲女装的理想面料
	毛纤维	光泽自然，颜色莹润，手感舒适，耐酸不耐碱。用毛织物制作的服装挺括、高雅、舒适	精纺呢绒、粗纺呢绒、长毛绒，是制作高级服装的首选原料

续前表

纤维类别	主要纤维品种	主要性质特点	主要产品
化学纤维	黏胶纤维	属再生纤维，其成分与天然纤维的成分接近，其理化性能也接近天然纤维	多与棉、毛等纤维混纺制成各种混纺织物
	涤纶	属合成纤维，共同特点是强度普遍高于天然纤维和人造纤维，耐生物性好，不易虫蛀，但吸湿性、透气性较差，容易产生静电	适合制作各类服装的面料、里料等，特别适合制作户外运动服装
	锦纶		
	腈纶		

二、认识服装

1. 服装的含义

狭义的服装，是指人体穿着的各种衣物；广义的服装还包括与人们的着装相配套的各种装饰品。服装是人类赖以生存的最基本的生活消费品之一。

2. 服装的功能

服装的功能，是指服装的效用，即它能满足人们哪些方面的要求。服装的基本功能包括服装的实用功能、美化功能和标志功能，见表 5－11。

表 5－11　服装的功能

服装功能	功能描述	应用举例
实用功能	服装具有防暑隔热、御寒保暖、阻止外界对人体造成伤害的作用	大衣、毛衫等
美化功能	服装可以体现人们的情趣、审美观念甚至个人的性格等	舞台服、时装
标志功能	通过服装的外观形态来区分着装者的身份、地位、工作性质等	军装、职业制服

3. 服装的分类

根据人们对服装基本形态的认识，目前大致有以下几种分类方法，见表 5－12。

表 5－12　服装的分类

分类依据	类别	举例
按照服装面料分类	布料服装	棉衬衫、麻纺裤
	呢绒服装	毛料西装、呢绒大衣
	丝绸服装	真丝上衣、丝绸裙装
	化纤服装	户外运动装、风雨衣
按照服装的穿着环境分类	社交服	各种社交场合穿着的服装，如西服正装、礼服、女士套裙等
	职业服	具有职业特征标志性的服装，如军装、职业工装、职业防护服等
	运动服	运动员和裁判员在训练和比赛时穿着的服装，如体操服、运动裤等
	生活服	人们日常生活穿着的服装，如各类舒适、方便的服装

续前表

分类依据	类别	举例
按照服装的穿用季节分类	春秋装	毛衫、毛裤
	夏装	汗衫、背心
	冬装	大衣、羽绒服
按照商业经营习惯分类	按性别分	男装、女装
	按年龄分	婴儿服、儿童服、成人服
	按制作工艺分	针织服装、刺绣服装

4. 服装款式

服装款式又称式样，指服装的整体造型，一般分为以下五种（见表 5－13）。

表 5－13　　服装款式

款式	造型特点及风格	举例
A 型	上部窄、下部宽，通过突出下部，呈现出活泼潇洒的风格	风衣、六片斜裙、喇叭裙和一些大衣
H 型	上下部的宽窄基本相同，通过放宽上衣腰围或缩小裙下部，来修饰过胖或过瘦的体型，呈现出合体、自由的风格	衬衣、百褶直筒裙
T 型	上部宽、下部窄，通过突出肩部，呈现出挺拔、庄重的风格	西服裙、旗袍、夹克衫、男士西服
X 型	上部和下部宽，中部窄，通过夸张上部和下部，收缩腰部，呈现出女性独有的曲线美	蓬松袖宽下摆细腰的连衣裙、女式风衣等
O 型	上部和下部窄、中部宽，通过蓬松腰部，呈现出丰满、圆润的风格	多褶女衬衫、深褶女外衣、孕妇连衣裙

5. 服装的号型标准

服装的号型标准是为了适应服装生产的工业化、销售市场的规范化以及方便消费者而制定的服装规格尺寸统一标准。

服装的号型标准中，服装号型的表示法分为“号”“型”“体型”。

“号”表示人体的身高，以厘米为单位，是设计和选购服装长短的依据；

“型”表示人体的净胸围与净腰围，以厘米为单位，是设计和选购服装肥瘦的依据；

“体型”以人体的胸围与腰围的差数为依据来划分。体型分为四类，分类代号分别为 Y、A、B、C，如表 5－14 所示。

表 5－14　　体型分类代号　　单位：厘米

体型分类代号	Y	A	B	C
男子胸围与腰围差值	17～22	12～16	7～11	2～6
女子胸围与腰围差值	19～24	14～18	9～13	4～8

表 5－14 中，Y 型服装的胸围与腰围差值最大，称为宽肩细腰型；A 型为一般体型或普通体型；B 型为微胖型；C 型为胖体型。

服装上必须标明号型，其表示方法是："号"放在前面，"型"放在后面，中间用斜线隔开，后边的字母表示体型分类。如上衣 170/84A，适合身高 170 厘米左右、胸围 84 厘米左右的人穿。

6. 服装的质量标志

服装的质量标志是选购服装的重要依据。服装的质量标志主要有服装的商标、吊牌、使用说明标志、质量认证标志和安全要求标志。

（1）商标。

服装商标，是服装制造商专门为本企业生产的服装设计的一种标记。服装商标有文字商标、图形商标，以及文字和图形组合的组合商标等形式。

（2）吊牌。

吊牌是挂在服装上，对服装进一步说明的标志。按照国家标准规定，服装吊牌应反映以下信息：制造者的名称、地址、产品名称、产品型号和规格、原材料成分及含量、洗涤方法、使用和储藏的注意事项、产品所执行国家标准编号、产品的质量等级和产品质量检查合格证等。

（3）使用说明标志。

服装商品必须有使用说明标志，其内容一般应包括：产品号型，面、里、衬、填充料成分及含量百分比，洗涤方法，保管说明，产品采用的标准编号，质量等级。

（4）质量认证标志。

质量认证标志是推荐性质量标志。服装的主要质量认证标志有纯羊毛标志、麻纺标志和高档丝绸认证标志等。

（5）安全要求标志。

《国家纺织产品基本安全技术规范》要求企业生产符合该规范的服装，要标明"GB 18401—2010"的标志，没有取得相关安全标志的服装将会被禁止销售。

案例评析

在实际生活中，消费者需求的满足程度和满足方式，主要取决于消费者的经济状况。不同生活水平条件下，人们对同一类消费品所追求的层次是不同的，这就会形成不同的服装消费观念。

任务四　家用电器商品管理

案例导入

大家通常认为，家电安全事故只是小概率事件，出现事故，特别是恶性事故的可能性极小。按照厂家公布的指标：现代化生产线制造的家电产品，出厂后新机器的故障率在万分之几以下。从绝对值来讲，这是一个极小的故障率。但事实上，一台家电是由众多电子元器件组成的复杂系统，加上极为严格的成本控制，要想保证很低的故障率本身就十分困难。再加上经过多次储存、转运的过程等，故障率会增加。

思考：

家用电器安全事故的低概率能保证家用电器长期的安全吗？

知识探究

一、家用电器的概念

家用电器是指家庭和类似家庭使用的电子器具和电器器具的总称。一般认为，凡是用于个人或家庭消费，并以电能作为动力的产品均称为家用电器。

二、家用电器的分类

家用电器的种类很多，按用途进行分类，见表 5－15。

表 5－15　家用电器按用途分类

分类	用途	举例
声像电器	用于个人和家庭文化娱乐	收录机、电视机、录像机、组合音响、MP3
空调电器	用于调节室内空气温度、湿度，改善室内环境	空调、电风扇、加湿器
制冷电器	用于冷冻或冷藏食品	电冰箱、冰柜、冷饮机
清洁、整理电器	用于清洁个人和室内环境卫生，清洗及整理衣物	洗衣机、吸尘器、淋浴器、电熨斗
取暖电器	用于个人和家庭等环境取暖	电暖器、电热毯、电手炉、电热坐垫
保健电器	用于个人身体保健	电动按摩器、理疗仪
美容电器	用于修饰人们的面容	电吹风、电动剃须刀
照明电器	用于室内照明及艺术装饰	吊灯、台灯、壁灯
厨房电器	用于餐具清洁、食品制作、烹调等	电饭锅、微波炉、电烤箱、电磁炉、电水壶、抽油烟机
其他	用途广泛	电子钟表、电子门锁、数码相机、电子玩具、电子乐器、手机、家庭用电动工具等

三、家用电器的特点

家用电器与普通家庭日用品相比较，具有以下几个特点：

（1）家用电器需要有电源供电才能正常使用，并且需要带电操作。家用电器的使用须符合安全用电标准的要求。

（2）家用电器主要是耐用消费品，使用寿命较长，对性能的可靠性和质量的稳定性以及售后服务的水平要求较高。

（3）家用电器既是坚固实用的家庭耐用消费品，又是美化家庭环境的家庭装饰品；既有质量、性能方面的要求，又有外观造型和装饰艺术性的要求。

四、家用电器商品的质量要求

家用电器商品的质量要求可以概括为四个方面，见表 5－16。

表 5－16　　家用电器商品的质量要求

质量要求	要求描述	举例
性能要求	家用电器商品必须具有满足其用途的主要功能	电冰箱必须具有满足冷冻和冷藏食品的功能
耐用性要求	家用电器商品大都属于耐用消费品，一般都有使用年限的规定	电视机、电冰箱的使用年限一般为 8～10 年
安全性要求	世界各国以及各有关国际组织对家用电器用电安全性和家用电器的电磁兼容等均有严格的规定	对家用电器保护接地电阻值的规定等
节能要求	电冰箱按能耗分为 A、B、C、D、E 五个等级，A 级表示最高节能水平，B 级表示一般节能水平，C 级表示普通节能水平，D 级、E 级则属于国家将要强制性淘汰的节能水平	节能型电冰箱、空调器、电视机

案例评析

家用电器安全事故的低概率，从表面上看似乎能保证家用电器长期的安全，但是我们还必须注意到这样一些事实：

（1）小概率后面巨大的绝对值。现代家电厂家的产量巨大，动辄数百万甚至上千万台，即使达到厂家所称的新机故障率水平，也绝对不能保证新机不会出现故障。

（2）长期运行后出现高的故障率。家用电器投入使用后，通常处于长期连续运行状态，如电冰箱、电视机、空调器等，由于使用过程中长期无检修，保证长期低故障率运行是十分困难的。

答疑解惑

通过本项目的学习，我们了解了部分消费品商品分类管理的基本知识，对于系统地学习掌握商品管理知识具有重要意义。现实生活中，在种类繁多的商品世界里，如果不对商品进行分类管理，则无法理顺商品之间的关系，甚至无从辨识和认清商品的本来面目。因此，商品分类管理是做好商品管理的基本前提。

项目小结

本项目利用分类原理，展示了部分消费品商品管理的基本方法，其目的是为系统地学习掌握有关商品管理知识做好铺垫。消费品商品种类繁多，管理的要求多种多样，本项目仅对与人们日常生活关系密切的日用工业品商品、食品商品、纺织品商品以及家用电器商品分类管理做了概括性的介绍。

日用工业品是满足人们日常使用和美化生活需要的产品。主要包括洗涤用品、化妆品、塑料制品、玻璃制品、陶瓷搪瓷制品等。日用工业品商品质量的基本要求是适用性、耐用性、卫生性和安全性、美观性、结构合理性等。

食品是指能够提供人体生长发育所必需的营养物质的物品。根据食品的来源分类，分为植物性食品、动物性食品和矿物性食品；根据食品在膳食中的比重分类，分为主食品和副食品；根据原料来源及商业经营习惯分类，分为粮食类、油脂类、蔬菜水果类、肉食禽蛋类、糖果糕点类、烟酒饮料类、豆制品类、水产品类、乳及乳制品类、菌产品类、调味品类和其他类。对食品商品质量评价的标准主要有食品的营养价值、食品的色香味形、食品的卫生无害性等几个方面。

纺织品是用纺织工艺生产和加工成的产品。纺织纤维按其来源分为天然纤维和化学纤维两大类。天然纤维主要有棉花、麻类等植物纤维和蚕丝、羊毛等动物纤维。化学纤维主要包括人造纤维和合成纤维。人造纤维的代表品种是黏胶纤维。合成纤维的主要品种有涤纶、锦纶、腈纶等。纺织品经过剪裁加工，制成供人们穿用的各种服装。

家用电器是指家庭和类似家庭使用的电子器具和电器器具的总称。凡是用于个人或家庭消费，并以电能作为动力的产品均称为家用电器。家用电器按用途分类主要有声像电器、空调电器、制冷电器、清洁整理电器、取暖电器、保健电器、美容电器、照明电器和厨房电器等。家用电器商品的质量要求主要有性能要求、耐用性要求、安全性要求和节能要求。

实训练习

一、基础训练

(一) 判断题（正确的打“√”，错误的打“×”）

1. 日用工业品是满足人们日常使用和美化生活需要的产品。(　　)
2. 牙膏既是洗涤用品，又是化妆品。(　　)
3. 食品必须是含有能够提供人体生长发育所必需的营养物质的物品。(　　)
4. 动物性脂肪属于不饱和脂肪酸。(　　)
5. 棉纤维的特点是吸湿性、透气性、保暖性较好，耐碱不耐酸。(　　)
6. 合成纤维的共同特点是强度普遍高于天然纤维。(　　)

7. 家用电器的共同特点是需要有电源供电才能正常使用，并且需要带电操作。(　　)

(二) 单项选择题 (请将你认为最合适的选项代号填入括号中)

1. 下列选项中，符合洗涤用品作用的是(　　)。

A. 清洁　　B. 整理

C. 保养　　D. 美化

2. 陶器与瓷器比较，其共性表现为(　　)。

A. 都是烧结制品　　B. 烧结温度均为 1 200℃

C. 不吸水　　D. 均为透明体

3. 下列选项中，人体消化吸收率更高的营养成分是(　　)。

A. 动物性蛋白质　　B. 植物性蛋白质

C. 多糖　　D. 纤维素

4. 对食品商品质量的基本要求是(　　)。

A. 具有一定的营养价值　　B. 营养素吸收率高

C. 无污染　　D. 保质期限长

5. 服装号型的表示法中，A 型的含义是(　　)。

A. 宽肩细腰型　　B. 正常体型

C. 微胖型　　D. 胖体型

6. 下列产品中，不属于家用电器产品的是(　　)。

A. 装饰照明灯　　B. 手机

C. 太阳能热水器　　D. 电磁炉

(三) 多项选择题 (选择两个或两个以上的选项代号填入括号中)

1. 化妆品按用途不同分类，分为(　　)。

A. 清洁用化妆品　　B. 护肤用化妆品

C. 营养用化妆品　　D. 美化用化妆品

2. 制作肥皂的主要原料有(　　)。

A. 油脂　　B. 色素

C. 香料　　D. 碱

3. 食品中所含的(　　)等被称为人类生长发育所必需的三大营养素。

A. 糖类　　B. 矿物质

C. 蛋白质　　D. 脂类

4. 食品的营养价值指标包括(　　)。

A. 溶解度　　B. 营养成分

C. 可消化率　　D. 发热量

5. 下列选项中，属于天然纤维的是(　　)。

A. 棉纤维　　B. 麻纤维

C. 蚕丝纤维　　D. 羊毛纤维

6. 下列选项中，属于化学纤维的是(　　)。

A. 植物纤维　　B. 动物纤维

C. 人造纤维　　　　D. 合成纤维

7. 家用电器商品的质量要求主要有(　　)。

A. 性能要求　　　　B. 耐用性要求

C. 安全性要求　　　　D. 节能要求

二、拓展训练

任务：到商场进行实地考察，观察各类商品的分类管理情况。

要求：小组集体走访调查，做好调查记录。

目的：认识商品分类管理的一般方法。

训练方式：运用调查所得资料，结合学习体会，对某商场所经营商品的分类情况进行描述。

项目六 商品采购管理

问题引入

商业企业的功能是组织商品流通。商品流通的起点是采购商品、组织货源，有了充足的货源，才能更好地满足市场需要。从商业企业经济效益的角度看，需要对所经营的商品有所选择，即商品要适销对路，质量符合消费者要求，数量满足消费者的需要，同时要保证经营者的经济利益，故商品采购管理艺术起着关键的作用。

任务导读

本项目从认识商品采购开始，逐步展开对商品采购管理知识的学习，由浅入深地研究了商品采购的品类管理、质量管理和数量管理等基本理论和实践问题。

学习目标

- 了解商品采购的含义，以及连锁企业采购的特征和采购的类型
- 初步了解商品采购品类管理知识
- 了解商品采购质量管理和数量管理基本知识
- 通过实训，巩固所学商品采购基础知识

任务一　商品采购概述

案例导入

在 2002 年 2 月 1 日之前，沃尔玛所有海外商品都由代理商代为采购。沃尔玛要求新加盟的沃尔玛全球副总裁兼全球采购办公室总裁崔仁辅利用半年时间做好准备，在 2002 年 2 月 1 日这一天接过支撑 2 000 亿美元营业额的全球采购业务。结果，崔仁辅不但在紧张的时间里在全世界成立了 20 多个负责采购的分公司，如期完成了全世界同步作业的任务，而且使全球采购业务在一年之后增长了 20%，超过了沃尔玛营业额 12%的增长率。

思考:

沃尔玛全球采购业务的秘密何在?

知识探究

一、对采购和采购管理的理解

1. 商品采购的含义

通常意义的采购就是购买，是指通过交换的形式，用货币换取所需物品和服务的交易行为。所谓商品采购，是指单位或个人基于生产、经营或消费的需要，购买商品或劳务的交易行为。从商业经营的角度来看，商品采购就是商业企业为实现转卖商品获取利润的目的所进行的购买活动。

【例】我们到商场、超市去购物，可以看到商场柜台里、货架上摆放着大量的商品，这些商品就是商场、超市为实现企业经营目的，从供应商那里采购的。采购是商场、超市经营活动的起点，没有采购就没有可供销售的商品，商业企业也就无法组织经营活动。

2. 什么是商品采购管理

以连锁商业企业为例，采购管理就是指企业为取得经营所需商品，对企业采购活动所进行的计划、组织、指挥协调和控制。

采购与采购管理的区别表现在，采购是为实现购买目的所进行的一项具体的业务活动，也称为作业活动；采购管理则是一项为保证采购作业活动正常运行而进行的管理活动。

二、连锁企业采购的特征

连锁企业的组织形式决定了连锁企业采购具有如下特征（见图 6-1）。

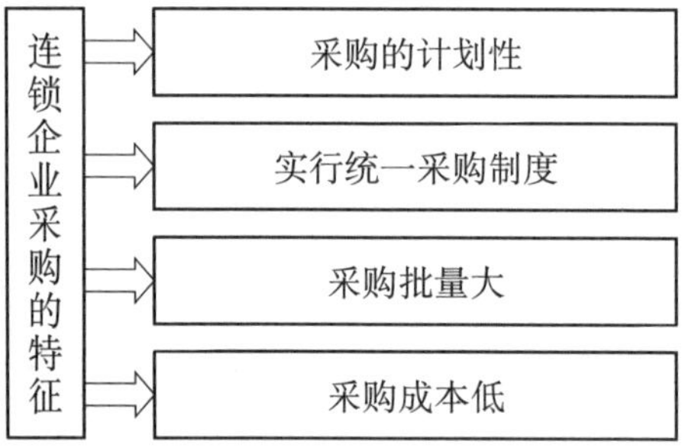

图 6-1　连锁企业采购的特征

1. 采购的计划性

连锁企业的经营既要保证供应，又要追求较好的营销效果，所以，连锁企业对经营商品的品种、规格、质量等要做出限制。连锁企业在采购商品时，对进货批量和进货周期都要做出周密的安排，都要按照规定的程序进行。

2. 实行统一采购制度

连锁企业经营的特色是实行"五统一"，其中就包括统一采购制度。

在连锁经营中，商品采购权主要集中在总部，由总部设立专门的采购部门或配送中心承担采购任务，各门店一般没有采购职能。

3. 采购批量大

连锁企业拥有庞大的销售网络体系，门店众多，销售量巨大，所以商品采购的批量也会很大。

4. 采购成本低

连锁企业销售量巨大，在与供应商的采购谈判中，往往掌握更多的主动权，而且往往是直接向厂商订购，可以获得较低的进货价格，从而降低采购成本。

三、连锁企业常见的采购类型

连锁企业常见的采购类型如图 6-2 所示。

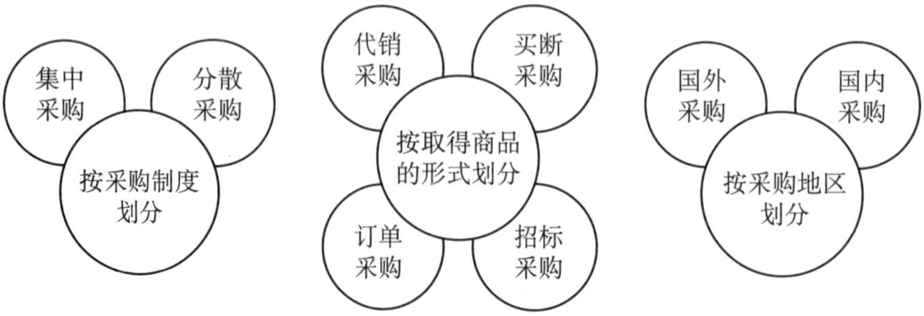

图 6-2　连锁企业常见的采购类型

1. 按采购制度划分的采购类型

按采购制度划分，连锁企业采购类型分为集中采购和分散采购，见表6－1。

表6－1　按采购制度划分的采购类型

类型	描述	优点	缺点	举例
集中采购	集中采购，是由连锁企业总部统一进行的采购，这是成熟的连锁企业普遍采用的最基本的采购组织形式	可以集中资金，严格控制，能接近供应商的高层管理人员，可以争取大批量购买的高比例折扣	缺乏弹性，分店难以结合本地实际情况调整经营策略，分店经营缺乏自主性和灵活性	沃尔玛是集中采购的典型，它依靠高效的POS系统、EDI系统，将分店的销售情况反馈到总部，并由总部产生购买指令，由此产生巨大的采购订单，增加了与供应商谈判的筹码，可以获得较低的采购价格
分散采购	分散采购，是由连锁企业各门店或商品部独立进行的采购	可以使各分店能够适应地方的市场环境，订货迅速，供货及时	总部难以集中统一控制下属各分店，导致各分店管理上各行其是，总部失去对分店的有效控制	分散采购的典型代表是家乐福，它的经营理念是各个分店各自为政，店长有经营和管理上的最高权力，是典型的店长负责制

2. 按取得商品的形式划分的采购类型

按取得商品的形式划分，分为代销采购、买断采购、订单采购和招标采购，见表6－2。

表6－2　按取得商品的形式划分的采购类型

类型	描述	特点
代销采购	代销采购，是指连锁企业先将供应商的商品送到门店销售，然后按采购合同约定的结算时间和结算办法与供应商进行货款结算的采购方式	减少了连锁企业的资金占用，降低了企业经营风险，但却占用了供应商大量流动资金，在结算不及时的情况下，往往会引起经济纠纷
买断采购	买断采购，是指连锁企业在收到供应商的商品时，经检验符合合同规定的标准，便立即付清货款的采购方式	买断采购的货款结算方式，维护了购销双方的权益，有助于双方合作关系的发展
订单采购	订单采购，是指连锁企业根据市场情况和销售经验，在采购商品的品种、规格、花色、质量、数量和时间等方面向供应商提出明确的要求，以订单订货的形式进行的采购	属于合同采购的一种，对购销双方都有明确的约束力，是连锁企业常规采购的主要形式
招标采购	招标采购，是指大型或特大型连锁企业定期向社会公布本企业的商品采购计划和采购要求，各供应商自愿投标竞争，投标获胜者与连锁企业签订采购合同的采购方式	连锁企业通过招标的方式，可以找到比较理想的供应商作为自己的合作伙伴

3. 按采购地区划分的采购类型

按采购地区划分，分为国外采购和国内采购，见表6－3。

表 6-3　　按采购地区划分的采购类型

类型	描述	优点	举例
国外采购	国外采购，是指国内连锁企业向国外供应商或本国代理商进行的商品采购	可以更好地丰富国内市场，满足国内消费者对高品质产品的需求。当国内无法生产或供应数量不足时，通过国外采购，可以缓解国内生产与消费的矛盾	国际连锁零售业巨头沃尔玛在国外采购的商品数量十分巨大，每年仅在中国采购的商品就多达百亿美元
国内采购	国内采购，是指连锁企业向本国供应商或生产企业采购商品的行为	国内采购与国外采购具有很强的互补性，在质量、价格等方面差别不大的情况下，国内采购具有交通运输方便、采购前置时间短、交货及时、售后服务及时的优势	

四、连锁企业采购制度

制度是一种规定，是在社会实践中要求组织成员共同遵守的办事规程，如工作制度、学习制度。采购制度是企业采购活动的行为准则。在连锁企业经营管理活动实践中，主要有集中采购制度、分散采购制度和混合采购制度三种类型，如图 6-3 所示。

图 6-3　连锁企业采购制度

1. 集中采购制度

集中采购，是指将采购工作集中于一个部门，即采购商品的决策权归公司总部的采购部门，各分店只负责商品销售工作，对商品采购无决定权。集中采购是连锁企业的主要特征之一。在规模较大的连锁企业，总部往往下设采购配送中心，全权负责连锁企业商品采购工作，各门店只负责销售而不负责采购。集中采购组织结构如图 6-4 所示。

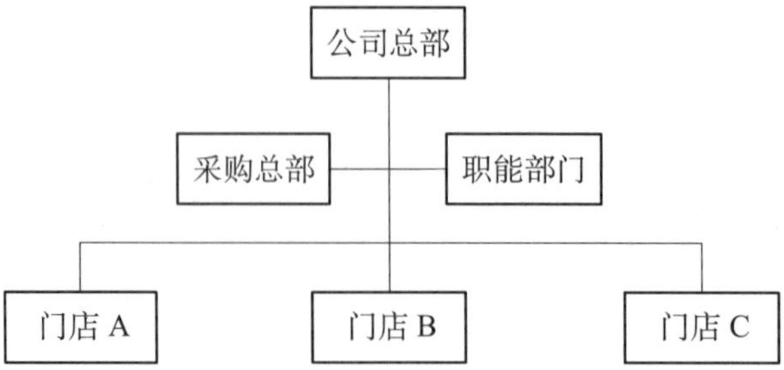

图 6-4　集中采购组织结构图

(1) 集中采购的优点。

在价格方面：实行统一采购，可以使采购数量增加，增强了与卖方谈判的力量，容易得到比较优惠的价格和良好的服务。

在成本方面：实行集中采购，可以精简采购组织，提高采购管理效率，降低作业成本。

在管理方面：只有一个部门实施采购工作，便于总部对采购工作的统一规范管理。

(2) 集中采购的缺点。

采购权力过于集中，不利于分支机构对紧急情况的处理；采购与销售分离，会造成上下游环节之间的矛盾。

(3) 集中采购适宜的条件。

比较适合规模不大，或销售集中在一个地区的企业组织，异地的分支机构则不大适宜采用集中采购制度。

2. 分散采购制度

分散采购，是指公司将采购权分散到各个分店，由分店自行决定采购项目。在异地设置分支机构的企业组织，空间环境不大适宜企业采用集中采购管理的组织形式，往往由企业的各分支机构自行组织所需商品和物资的采购，这样可以更好地满足企业对采购商品的需要。分散采购组织结构如图 6-5 所示。

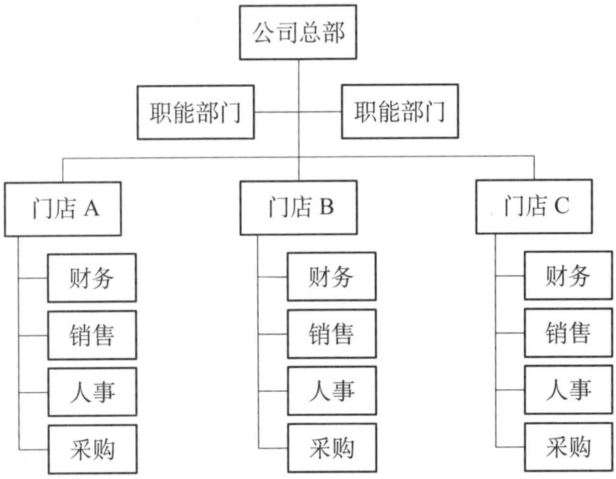

图 6-5　分散采购组织结构图

分散采购的主要优点是，能够比较好地调节异地分支机构对当地市场的适应性；主要缺点是分散企业采购力量，难以获得集中采购制度下的规模经济效应。这种采购组织形式比较适合跨地区、跨国界的大型或超大型连锁企业集团的采购业务。

3. 混合采购制度

混合采购制度，是指连锁企业既在核心管理层建有采购机构，又在各分支机构设置采购组织和岗位。一些规模较大、分支机构相距较远的连锁企业比较适合采用混合采购制度。

混合采购制度综合了集中采购制度和分散采购制度的优点，凡属共同性商品、采购金额较大的商品、进口商品均由总部集中统一采购，以利于增加单次采购数量，降低采购总成本；对于非统一经营的、金额小的或临时性的采购，则授权给分店进行分散采购，这样既可以使采购工作更符合客观实际的需要，又有利于降低公司采购总成本，是一种比较好的采购制度。混合采购组织结构如图 6－6 所示。

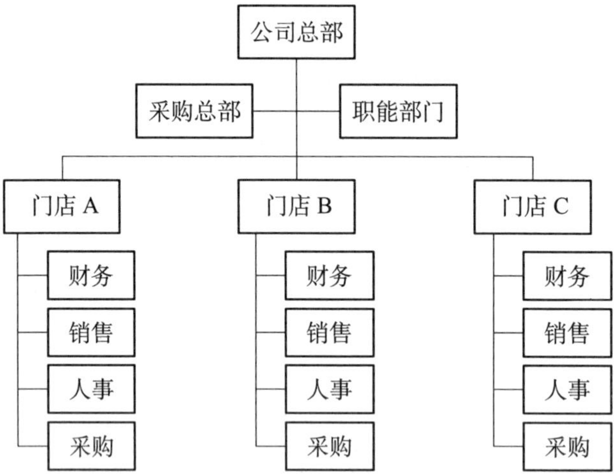

图 6－6　混合采购组织结构图

五、采购业务流程

连锁企业采购作业会因采购方式、采购对象不同，而在作业环节上有所差异。一个完整的采购业务过程，应包括以下几个基本环节，见图 6－7。

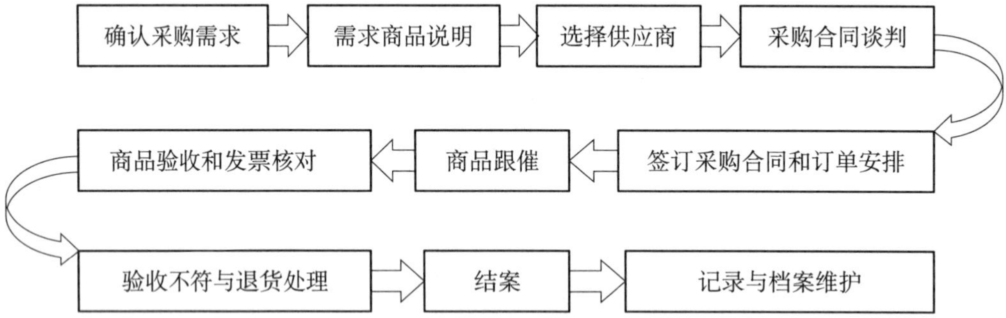

图 6－7　连锁企业采购作业流程图

（1）确认采购需求：即确认需要什么商品、需要多少、何时需要。

（2）需求商品说明：是对采购商品的细节描述，包括商品品质、包装、售后服务、运输及检验方式等。

（3）选择供应商：即结合价格、质量、交货时间、售后服务等因素，综合考虑选择供应商。

（4）采购合同谈判：即就采购价格、采购条件、供货条件等一系列问题与供应商进行谈判。

（5）签订采购合同和订单安排：采购合同的条款和条件达成一致后，采购企业还要与供应商办理订货签约手续，即签订采购合同，落实具体的采购供货细节。

（6）商品跟催：即采购企业向供应商发出订单之后，还要按订单所列采购项目、采购时间进行跟踪和催货，确保订单的有效执行。

(7) 商品验收和发票核对：采购企业在收到货物后，还要将货物与发票进行核对，对货物数量和质量进行验收，确认货物、发票和订单一致。

(8) 验收不符与退货处理：要按订单和合同约定的条件进行验收，货物符合合同要求的，验收入库；不合格的则与供应商联系处理退、换货事宜。

(9) 结案：货物验收合格，将发票、订单等凭证交财务部门，按合同规定支付货款，予以结案。

(10) 记录与档案维护：采购合同结案后，要清查各项书面资料，包括合同、订单、发票、申请付款单等，报管理层或权责部门核查批示，订卷编号，归档，作为历史资料予以保管，以备日后核查问题时作参考。

案例评析

沃尔玛全球采购业务的秘密，就在于它建立了强大的全球采购组织，不仅为自己的全球连锁超市采购商品，而且为美国进口商在世界各国采购商品，它的业务范围已经超出了自身零售业务的领域。沃尔玛在中国的采购业务总收入，已经超过了它在中国零售业务的总收入，这充分说明了沃尔玛采购组织的重要地位。

任务二　商品采购品类管理

案例导入

2004 年 7 月 5 日，联华超市与宝洁公司、可口可乐公司、光明乳业以及捷强烟草四家重要供应商的战略合作联盟峰会在上海举行。宝洁与联华给出了这样一组数据：通过实施品类管理，宝洁产品在联华的库存天数从 69.5 天降到 40 天，缺货率从 11.296%降到 5.96%，新产品上架速度从 4 周降为 2 周，商品销售在降低缺货和加快新品上架的基础上提高了 10%。

思考:

实施品类管理为什么会增加商品销售?

知识探究

实施品类管理，可以加速商品周转、降低缺货率、增加商品销售，对零售企业提高企业经济效益具有明显的促进作用。组织能够满足品类经营需要的组合商品，是零售企业开展品类管理的基本前提。

零售企业实施品类管理，首先要明确各组合商品类别之间的关系，然后按照品类管理的需要进行合理的组合搭配，组成销售上相互促进的品类商品集团，实施品类商品捆绑销售。

一、品类管理下的商品科学分类

从实施品类管理的角度看，比较有意义的商品分类方法主要有以下几种。

1. 根据商品之间的销售关系分类

根据商品之间的销售关系，可将商品分为独立品、互补品、条件品和替代品，见表6－4。

表6－4 根据商品之间的销售关系分类

类型	描述	举例
独立品	指一种商品的销售状况不受其他商品销售变化的影响	消费上没有联系的商品
互补品	指一种商品销售的增加必然会引起另一种商品销售的增加，反之同理	皮鞋与鞋油
条件品	指一种商品的购买要以另一种商品的前期购买为条件	电池与电动玩具
替代品	指一种商品销售的增加会抑制另一种商品的潜在销售量，反之同理	洗衣粉与肥皂

2. 根据商品的消耗特点和商品形态分类

根据商品的消耗特点和商品形态分类，可将商品分为耐用品、非耐用品和服务，见表6－5。

表6－5 根据商品的消耗特点和商品形态分类

类型	描述	举例
耐用品	指可以多次使用、单价较高的有形物品	家用电器类商品
非耐用品	非耐用品，指只能使用一次或几次就会被消费掉的有形物品	食品、化妆品、洗涤用品等
服务	指提供的劳务性无形产品	电影、戏剧、旅游等

3. 根据消费者的购物习惯分类

根据消费者的购物习惯，可将商品分为便利品、选购品、特殊品和非需品，见表6－6。

表6－6 根据消费者的购物习惯分类

类型	描述	举例
便利品	指消费者购买频繁，不愿花时间和精力去比较品牌、价格，希望随时都可以买得到的商品	油盐酱醋、洗化用品
选购品	指消费者对质量、价格、款式、花色、适用性和耐用性等进行比较之后才会去购买的商品	家用电器、服装鞋帽等
特殊品	指消费者愿意花费特殊的精力和时间去选择、比较后再去购买的具有特殊意义或特定品牌的商品	高档服装、小汽车、专业摄影器材等
非需品	指消费者不了解，或者即使了解也不想购买的商品	多数人不愿意购买的奢侈品、刚上市的新产品等

对超市经营的商品按上述标志进行分类的目的是，使所经营的商品能够按照消费者对各类商品的连带性需求关系进行合理的组合搭配，方便商品经营和消费者选择购买，同时也增加了消费者的购买量，扩大了企业的销售额。商品采购同样也需要以这种品类管理的思想组织货源，实现所采购商品的科学品类组合。

二、采购商品组合方式

依据商品品类管理经营的指导思想，采购商品也应实行科学的分类组合管理。

根据品类管理经营下商品之间的销售关系，采购商品组合可以考虑以下几种组合方式，见表6－7。

表6－7　　采购商品组合方式

组合方式	描述
替代性商品组合	替代性商品具有满足消费者同一需要的特性，可以使同类商品经营更加丰富，增强商品对顾客的吸引力
互补性商品组合	互补性商品在销售上相互促进作用明显，是实施品类管理比较理想的商品组合群体
条件品组合	条件品组合同样具有销售上相互促进的作用，也是采购商品组合搭配的选择对象
耐用品与消耗品组合	消耗品的消费依赖于产生该消费行为的主导耐用品，主导耐用品销售的增加，才有消耗品需求的增加
便利品与选购品组合	便利品的销售一般不受选购品销售的影响，但便利品的销售在一定程度上可以影响选购品的销售
促销品与正常经营的商品组合	促销品的销售不依赖正常经营商品的销售，但促销品的销售可以促进正常经营商品的销售

三、采购商品组合策略

依据经营商品组合思路，采购商品组合可以考虑以下几种策略，如表6－8所示。

表6－8　　采购商品组合策略

组合策略	描述	举例
增加商品种类，拓展商品组合宽度	在已有的商品群中增加商品种类，扩充商品经营范围，即拓展商品组合宽度	在经营西服的基础上，增加衬衫、领带、腰带、皮鞋、鞋油等品种，形成以西服为核心的配套商品群
增加商品项目，延伸商品组合深度	在原商品群中不增加商品种类，只在每一类商品中增加商品品种，即延伸商品组合深度	将饮料按功能进行分类，然后进行深度组合，可以形成碳酸饮料、运动饮料、果汁饮料、营养饮料等新的商品群
跨类商品组合	即消费上具有同一顾客群体的不同种类商品组合	美国沃尔玛超市将啤酒与尿不湿这两种不同类商品组合销售，是跨类商品组合的经典案例

组合策略	描述	举例
类比商品组合	即根据同类事物具有相似性的表现特征建立新的商品群	由饮料商品群可以联想到酒水类商品群、日化类商品群的组合
使用者商品组合	即根据同一使用者群体的需求特征进行商品组合	儿童用品组合、学生用品组合、新婚用品组合、户外活动用品组合
特定情境商品组合	即将某一特殊情境的商品需求作为组合元素的商品组合	各类节假日商品组合、特殊消费群体的商品组合

案例评析

零售企业传统的商品分类方法，是依据商品的属性特征划分的，商品分类虽然规范，但从市场营销的角度看，还不能完全适应消费者购物组合习惯，影响消费者购物选择的效率；而品类管理对商品的分类，则是根据消费者的需求组合设计的。商场实行品类管理，不仅提高了消费者购物选择的效率，而且会增加消费者选中商品的机会，有利于扩大商品销售、加快商品周转速度、降低缺货率、提高企业经济效益。

任务三　商品采购质量管理

案例导入

机器为什么停转？

有一次，丰田汽车公司前副社长大野耐一在生产线上看到机器总是停转，虽然修过多次但仍不见好转。于是，大野耐一与工人进行了以下对话：

问："为什么机器停了？"

答："因为超过了负荷，保险丝就断了。"

问："为什么超负荷呢？"

答："因为轴承的润滑不够。"

问："为什么润滑不够？"

答："因为润滑泵吸不上油。"

问："为什么吸不上油？"

答："因为油泵轴磨损、松动了。"

问："为什么磨损了呢？"

答："因为没有安装过滤器，混进了铁屑等杂质。"

经过连续五次不停地问"为什么"，找到问题的真正原因和解决的方法，即在油泵轴上安装过滤器。

思考：

大野耐一是用什么办法找到机器停转原因的？

知识探究

一、什么是商品采购质量

从商业经营的角度来理解，商品采购质量是指商业企业所采购商品的适销程度。商品采购质量不同于生产上的产品质量。产品质量主要是对商品自然属性所体现质量要求，而商品采购质量既包括所采购的商品本身的质量，又包括所采购的商品符合市场需要的程度。

产品质量与商品采购质量的比较见表 6-9。

表 6-9 产品质量与商品采购质量的比较

比较项目	项目说明	属性	核心内容
产品质量	是指商品满足规定或潜在要求的特征和特性的总和	是对商品物理特征的描述，体现的是商品的自然属性	满足规定（国家或国际有关法规、质量标准或买卖双方的合同等方面的人为规定）的要求
商品采购质量	是指商业企业所采购商品的适销程度	是对商品交换关系的描述，体现的是商品的社会属性	商品适应社会需要的程度

二、商品采购质量控制的意义

商品采购质量关系到广大消费者的切身利益，关系到企业的生存与发展。对商品采购质量进行严格控制的意义主要体现在以下两个方面。

1. 控制商品采购质量符合广大消费者的利益

在当今的市场经济社会环境下，买方已经处于市场的主导地位，人们关心的不再是商品数量，而是商品质量。企业如何组织质量符合消费者要求、价格又合适的商品，已经成为吸引消费者、扩大销售、稳定和提高市场占有率的关键。

2. 实施有效的商品采购质量管理和控制，有利于降低商品采购质量风险

商业企业的服务对象是广大消费者，企业经营的商品必须符合消费者对商品质量的要求，否则，商品就没有销路。如果采购的商品存在质量隐患，会给消费者造成经济损失，甚至人身伤害，同时也会给采购企业的市场形象和社会声誉带来严重的危害。这就是商品采购质量风险。

商品采购质量风险源于供应商，但也与采购企业内部管理有关。如果不加强商品采购质量管理与控制，假冒伪劣商品很可能会蒙混过关，流入市场，危害消费者，损害经营者的形象，造成质量风险。

三、连锁企业对商品采购质量的要求

连锁企业商品采购的质量水平，首先要符合国家有关法规和商品质量标准的规定，在此前提下还需要满足消费者对商品的利益要求。具体表现在以下两方面。

1. 需符合商品标准的要求

连锁企业采购的商品，首先要符合现有的商品标准的规定。商品标准是国家对商品质量做出的统一技术规定，达不到商品标准要求的商品，不能进入市场。

2. 需符合消费者对商品质量的要求

商品是为了满足消费者需求而采购的，所采购商品的质量如何，还要看消费者对商品质量的要求。不同消费者群体的消费水平存在着很大差别，对同一商品的质量要求也各不相同。连锁企业以经营大众化商品为主，采购的商品质量要满足大多数消费者选购商品的要求。

四、控制商品采购质量的措施

商品采购质量控制是为保持商品采购的质量所采取的技术作业和有关活动，其目的是为市场提供符合质量要求的商品。控制商品采购质量的措施主要有质量标准控制、购销合同控制和质量验收控制。

1. 质量标准控制

质量标准控制就是根据消费者和用户的需要，结合行业有关规定，制定所采购商品的质量标准。

2. 购销合同控制

购销合同控制就是以采购合同制定的贸易条件为依据，把所采购商品分成若干等级标准，依据采购合同制定的标准进行采购商品质量控制。

3. 质量验收控制

质量验收控制就是坚持商品接收时的质量检验制度，严格按照约定的质量要求对商品进行检验验收，对不符合质量要求的商品及时处理，严防质量不合格的商品流入市场。

五、商品采购质量管理的基本方法

商品采购质量管理的目的，是提高商品采购工作质量，降低采购质量风险。这就需要了解商品采购的质量情况，分析产生商品采购质量问题的原因，然后采取相应的措施，解决采购工作中的商品质量问题。

解决采购工作中的商品质量问题的基本方法有调查表法、分类法、因果分析法等。

1. 调查表法

调查表是利用统计图表进行数据收集、整理和对问题原因进行分析的一种工具。依据不同的调查目的，可以设计成不同形式的调查表。表 6－10 所示为不合格品调查表，这张表可以在货物验收现场，对供应商所提供的商品质量不合格情况进行记录，并通过表内有关栏目的计算，粗略地分析出商品采购质量问题出现的原因。

表 6－10　　不合格品调查表

日期	供应商	供应量	不合格品数量	不合格品率	不合格品项目						
					(1)	(2)	(3)	(4)	(5)	(6)	其他
	甲	500	7	1.40%	1		2		2		2
	乙	200	2	1.00%		1				1	
	丙	300	4	1.33%		1		1	1	1	
	丁	200	3	1.50%	1	1		1			
合计		1 200	16	1.33%	2	3	2	2	3	2	2

2. 分类法

分类法是一种把调查数据按一定标志加以分类整理，以便分析采购质量问题及其影响因素的方法。数据分类的目的，是通过分类把性质不同的数据和错综复杂的影响因素分析清楚，找到问题的症结所在，以便对症下药，解决问题。表 6－11 所示为供应商不合格品分类调查示例。

表 6－11　　供应商不合格品分类调查

供应商名称	不合格品项目及数量				合计
	A	B	C	D	
甲	15	10	15	20	60
乙	18	4	8	8	38
丙	13	6	2	6	27
合计	46	20	25	34	125

3. 因果分析法

因果分析是为了寻找问题的原因所进行的分析。事物的变化存在着因果对应关系，通过对引起事物变化的原因的分析，可以测出事物可能出现的结果，或者从事物的结果倒查引起事物变化的原因。

因果分析法是通过因果图表现出来的。因果图的形状像树枝或鱼刺，因此也叫树枝图或鱼刺图。因果图的原理是从问题的结果，倒查事物变化的原因。首先推断出引起事物变化的主要原因（大原因），然后将主要原因细分为若干中原因，再将中原因进一步分解为小原因，依此类推，直至找到不能再分解的具体原因，再针对产生问题的具体原因采用有效的解决办法，从而使问题得到解决。因果分析图的基本结构如图 6－8 所示。

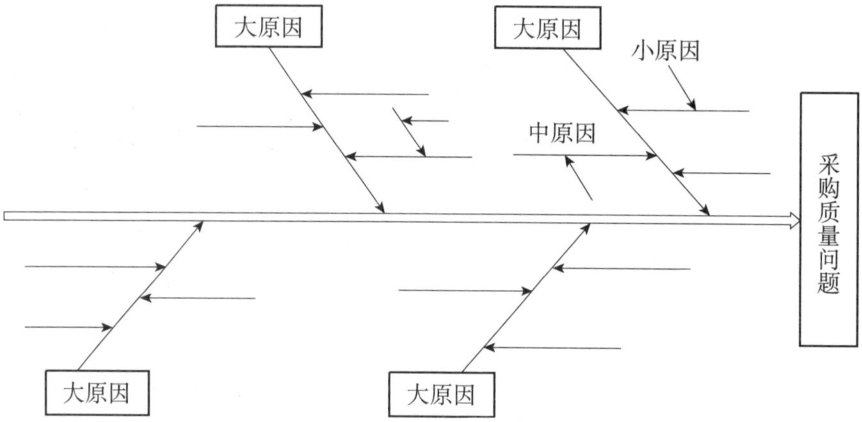

图 6-8　因果分析图

案例评析

设备采购质量的风险源于供应商，但也与采购企业内部管理有关，必须加强质量管理和监控。在质量验收控制时必须坚持设备接收的质量检验制度，严格按照约定的质量要求对设备进行验收，并保证所采购设备运行的全部备件安装完整。案例导入中，大野耐一通过寻找机器停转的根本原因，从而找到解决方法。该案例告诉我们，在商品采购时一定要对照约定的质量要求进行设备验收。同时，在发现问题时，不要仅仅看表象，要通过表象找到根本原因。

任务四　商品采购数量管理

案例导入

在连锁企业商品经营中，商品采购数量直接关系到企业的经营成本和经营效率。商业企业在实际经营活动中，如果商品采购数量过多，会造成过高的存货储存成本；如果商品采购数量过少，则会增加采购次数，增加采购成本，在考虑缺货损失的情况下，企业的经济损失会更大。因此，要对商品采购的数量进行有效控制。

思考:

怎样才能达到商品采购数量管理的最优化？

知识探究

一、商品采购批量

商品采购批量，是指一次采购订货的数量，它是在综合分析进货、储存等各方面费用支出后，所得出的进货与储存总费用最低的一次订购数量，称为经济订购批量。

二、定量订购法和定期订购法

采用经济订购批量模型进行订购，可以取得比较理想的经济效益，但计算比较烦琐，现实采购活动中往往参考事先测算好的经济订购批量，然后采取定量订购或定期订购的简化办法来订购商品。

1. 定量订购法

定量订购法，是指当商品库存量下降到预定的最低库存量（订货点）时，按规定数量进行订购的订货方法。

定量订购法每次订购批量的标准是经济订购批量。

采取定量订购的采购方式，首先要确定订购点。订购点就是提出订购时的库存量标准点。订购点是企业最低库存的警戒点。

订购点的计算公式如下：

订购点＝备运时间需要量＋保险储备量

＝平均备运天数×平均日需要量＋保险储备量

保险储备量是为了防止市场因突发事件而出现需求量波动所做的保险储备。

定量订购法的特点是：订购点和订购批量固定，而订购周期和全年订购的次数不固定。

【例】某商品的月销售量为3 000件，备运时间为5天，保险储备量为80件。求订购点。

解：

订购点＝备运时间需要量＋保险储备量

＝平均备运天数×平均日需要量＋保险储备量

＝5×（3 000÷30）＋80＝580（件）

即当库存降至580件时，开始进行下一次采购订货，订货量为经济订购批量。

2. 定期订购法

定期订购法是按事先确定的订货间隔期来补充库存量的一种订货方法。

定期订购法的特点是：订购周期和全年订购的次数固定，而每次订货的数量和订货点不固定。

由于定期订购法的订货周期已经固定，当市场需求出现波动时，只能通过调整每次订购的批量来调节。定期订购法每次订货时的订购批量计算公式如下：

每次订购量＝最高库存量－现有库存量－订货未到量

式中：

最高库存量＝订货周期平均需要量＋备运时间销售量＋保险储备量

采用定期订购法，一般情况下订货时的库存量应该保持在备运时间需要量加上保险储备量的水平上，但最低不能低于备运时间需要量，否则就会出现断档。

三、几种简易的商品采购数量控制方法

1. 固定数量法

固定数量法，即每次订购的数量都相同。每次订购的数量由经济订购批量决定，或凭

8. 定期订购法的特点是(　　)。

A. 每次订货的数量和订货点固定

B. 每次订货的数量和订货点不固定

C. 订购周期和全年订购的次数固定

D. 订购周期和全年订购的次数不固定

二、拓展训练

任务：选择一家超市进行实地调查，询问超市商品采购品类管理情况，或者观察超市商品品类管理情况。

要求：选择部分商品进行咨询调查或观察，做好调查或观察记录。

目的：提高商品品类管理水平。

训练方式：小组集体走访调查，写出简要的调查报告。

过去的经验、直觉或受市场条件约束而定。

2. 批对批法

批对批法，即每次发出的订购数量都与对应期的净需求相同，每一期均不留库存。如果订购成本不高，此法较实用。某商品批对批订购法计划，见表 6－12。

表 6－12 某商品批对批订购法计划

月份	1	2	3	4	5	6	7	8	9	10	11	12	合计
净需求		10	10		14		7	12	30	7	15	5	110
计划订购		10	10		14		7	12	30	7	15	5	110

3. 固定期间法

固定期间法，即每次订单涵盖的期间固定，但订购数量可以变动。某商品固定期间订购法计划，见表 6－13。

表 6－13 某商品固定期间订购法计划

月份	1	2	3	4	5	6	7	8	9	10	11	12	合计
净需求		10	10		14		7	12	30	7	15	5	110
计划订购	25				30				60				115

案例评析

通过固定数量法、批对批法、固定期间法来对商品采购数量进行有效控制，从而达到商品采购数量管理的最优化。

答疑解惑

通过本项目的学习，我们认识了采购与企业经济效益的关系，销售部不是企业创造效益的唯一部门，采购与销售同等重要。科学的采购不仅能大幅度地节约企业经营成本，而且可以实现企业利润的大幅度提升。

项目小结

本项目从认识商品采购开始，逐步展开对商品采购管理知识的学习，由浅入深地研究了商品采购的品类管理、质量管理和数量管理等基本理论和实践问题。

商品采购，指单位或个人基于生产、经营或消费的需要，购买商品或劳务的交易行为。采购管理，指企业为取得经营所需商品，对企业采购活动所进行的计划、组织、指挥协调和控制。认识连锁企业商品采购的特征、连锁企业常见的采购类型和连锁企业采购制度。

品类管理下的商品采购分类方式主要有：根据商品之间的销售关系分类，根据商品的消耗特点和商品形态分类，根据消费者的购物习惯分类。品类管理经营模式下采购商品组合方式主要有替代性商品组合、互补性商品组合、条件品组合、耐用品与消耗品组合、便利品与选购品组合、促销品与正常经营的商品组合。采购商品组合策略主要有：增加商品种类、拓展商品组合宽度，增加商品项目、延伸商品组合深度，跨类商品组合，类比商品组合，使用者商品组合和特定情境商品组合。

商品采购质量是指商业企业所采购商品的适销程度。控制商品采购质量对维护广大消费者的切身利益和企业的利益都有重要意义。连锁企业对商品采购质量的要求主要有符合商品标准和符合消费者对商品质量要求两项。控制商品采购质量的措施主要有质量标准控制、购销合同控制和质量验收控制。商品采购质量管理的方法主要有调查表法、分类法、因果分析法等。

商品采购数量控制方法主要有定量订购法和定期订购法。

实训练习

一、基础训练

（一）判断题（正确的打“√”，错误的打“×”）

1. 采购就是购买，是指通过交换的形式，用货币换取所需物品和服务的交易行为。（　　）

2. 采购管理就是企业对商品采购的质量管理和数量管理。（　　）

3. 互补品是指一种商品销售的增加必然会引起另一种商品销售的增加的商品。（　　）

4. 独立品是指消费上没有联系的商品。（　　）

5. 从商业经营的角度理解，商品采购质量是指商业企业所采购商品的适销程度。（　　）

6. 因为因果图的形状像树枝或鱼刺，所以也叫树枝图或鱼刺图。（　　）

7. 经济订购批量是指在综合分析进货、储存等各方面费用支出后，所得出的进货与储存总费用最低的一次订购数量。（　　）

8. 定量订购法的每次订购批量标准是经济订购批量。（　　）

（二）单项选择题（请将你认为最合适的选项代号填入括号中）

1. 连锁企业常见的采购类型是(　　)。

A. 计划采购　　B. 集中采购

C. 独立采购　　D. 委托采购

2. 采购商品决策权归公司总部的采购制度是(　　)。

A. 集中采购制度　　B. 分散采购制度

C. 统一采购制度　　D. 合作采购制度

3. 按商品的消耗特点和商品形态分类，可将采购的商品分为(　　)、非耐用品和服务。

A. 替代品　　B. 互补品

C. 耐用品　　D. 便利品

4. 一种商品销售的增加会抑制另一种商品的潜在销售量的商品是(　　)。

A. 替代品　　B. 互补品

C. 耐用品　　D. 便利品

5. 商品采购质量是指(　　)。

A. 商品品质　　B. 所采购商品的适销程度

C. 商品验收质量　　D. 采购合同规定的质量

6. 连锁企业对商品采购质量的要求是(　　)。

A. 符合连锁企业经营当前利益的要求

B. 符合连锁企业经营长远利益的要求

C. 符合消费者对商品质量的要求

D. 符合社会利益的要求

7. 经济订购批量是指(　　)。

A. 一次采购订货的最低数量　　B. 进货与储存总费用最低的一次订购数量

C. 一定时期最低订货量　　D. 没有库存的订货量

8. 订购点是指(　　)。

A. 订货时间　　B. 订货地点

C. 提出订购时的库存量标准点　　D. 企业最高库存点

(三) 多项选择题（选择两个或两个以上的选项代号填入括号中）

1. 下列选项中，属于连锁企业商品采购特征的是(　　)。

A. 采购时间的连续性　　B. 采购地点的唯一性

C. 商品采购的计划性　　D. 实行统一采购制度

2. 在连锁企业经营管理活动实践中的商品采购制度有(　　)。

A. 集中采购制度　　B. 分散采购制度

C. 混合采购制度　　D. 统一采购制度

3. 品类管理按商品之间的销售关系可将采购的商品分为(　　)。

A. 独立品　　B. 互补品

C. 选购品　　D. 替代品

4. 根据消费者的购物习惯，可将商品分为(　　)。

A. 便利品　　B. 选购品

C. 特殊品　　D. 替代品

5. 控制商品采购质量的措施包括(　　)。

A. 事前控制　　B. 事中控制

C. 质量标准控制　　D. 购销合同控制

6. 商品采购质量管理的基本方法有(　　)。

A. 调查表法　　B. 分类法

C. 因果分析法　　D. 对比分析法

7. 定量订购法的特点是(　　)。

A. 订购点和订购批量固定　　B. 订购点和订购批量不固定

C. 订购周期和全年订购的次数固定　　D. 订购周期和全年订购的次数不固定

项目七 商品价格管理

问题引入

价格是社会经济生活中最活跃、最敏感的经济因素，价格管理是企业经营管理的重要组成部分，价格的制定与调整，关系到企业的生存与发展。学习并掌握必要的商品价格知识，有助于企业搞好经营管理，提高企业经济效益。

任务导读

本项目从认识商品价格形成的基础开始，引导学生进入商品定价知识的情境，系统学习有关制定和调整商品价格的理论。

学习目标

- 认识商品价格形成的基础
- 了解制定商品价格的基本方法
- 熟悉商品定价策略和定价技巧
- 通过调查了解、实训练习，结合实际生活体验，深刻领会超市商品定价策略和定价技巧

任务一　商品价格形成的基础

案例导入

让利顾客

沃尔玛一直都特别重视价格竞争，长期奉行薄利多销的经营方针。沃尔玛认为：“一件商品成本 0.8 美元，如果标价 1 美元，销售量就是标价 1.2 美元的 3 倍，我们在一件商品上赚得不多，但卖得多了，就有利可图。”所以，沃尔玛提出了一个响亮的口号：销售的商品价格总是最低的。为实现这一承诺，沃尔玛想尽一切办法从进货渠道、分销方式、营销费用、行政开支等方面节省资金，把利润让给顾客。

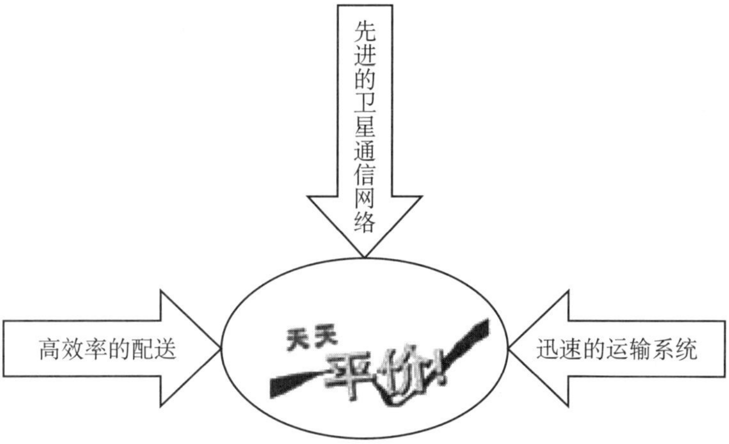

资料来源：施玉梅．连锁经营管理原理与实务．北京：科学出版社，2014：72.

思考：

沃尔玛为什么能够实现平价销售的承诺?

知识探究

一、商品价格构成的要素

商品价值由转移价值和新创造的价值两部分构成，商品价值的组成要素以商品价格的构成要素形式表现出来，商品价值构成就转化为商品价格构成。

价格构成，是指组成商品价格的各要素在价格中的构成情况。商品价值是在生产领域形成、在流通领域实现的，商品价格的构成要素，反映了商品在生产和流通过程中物质耗费的补偿以及新创造价值的分配。一个完整的商品价格由生产成本、流通费用、税金和利润四个部分组成，如图 7－1 所示。

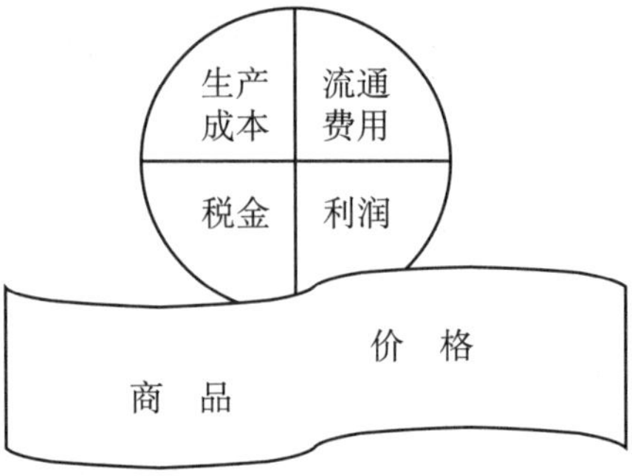

图 7－1　商品价格构成的要素

1. 生产成本

生产成本，是指商品在生产和流通过程中物质资料的耗费和劳动报酬的总和，是用货币形式表现的生产商品的各种劳动的消耗。生产成本在商品价格构成诸要素中是最基本的和最主要的要素。

2. 流通费用

流通费用，是指商品从生产领域向消费领域转移过程中的劳动消耗。商品价格中的流通费用是以商品在正常经营条件下的平均费用为标准计算的，主要费用项目有运杂费、保管费、包装费、利息、商品损耗和经营管理费。

3. 税金

税金是国家通过税法，按照一定标准，强制地向商品的生产经营者征收的预算缴款。按税金是否计入商品价格，分为价内税和价外税。

4. 利润

利润，是商品价格减去生产成本、流通费用和税金后的余额，可以分为生产利润和商业利润。

生产成本与流通费用体现的是生产部门和流通部门为组织商品生产和商品流通所垫支的费用，税金和利润构成商品价格中的盈利部分。所以，商业企业所制定的零售价格应该包括进货价格、营业费用、税金和利润四项基本要素。

生产和流通领域各环节的价格构成见表 7－1。

表 7－1　商品价格的构成

零售价格			
零售商进货价格	流通费用	税金	利润
商业批发价格			
批发商进货价格	流通费用	税金	利润
生产者价格			
生产成本	销售费用	税金	利润

二、影响商品价格形成的因素

1. 企业定价目标

在企业营销活动中所设立的，与商品定价有关的营销目标主要有：利润导向定价目标、生存导向定价目标、销售量导向定价目标、质量导向定价目标等。

（1）利润导向定价目标。

即企业以获取一定的目标利润作为定价目标。利润导向定价目标主要有以获取当前利润最大化为目标、以实现长期利润最大化为目标、以获取预期收益为目标和以获取合理利润为目标几种，见表7－2。

表7－2　利润导向定价目标的表现形式

利润目标	目标描述
当前利益最大化目标	对于一些新商品或流行性商品，企业可以根据商品的技术特点或流行特点，制定一个能使短期利润最大化的价格，以求在短期内尽可能多地收回投资，赚取利润
长期利润最大化目标	企业在定价时，综合考虑市场竞争、市场供求、企业产品等多种因素后，以总收入与总成本的最大差额为基点确定单位商品价格，以实现长期利润最大化
预期收益目标	企业定价时以预期收益为基点，再加上商品的完全成本（生产成本＋销售费用）来制定价格
合理利润目标	企业在补偿正常情况下社会平均成本的基础上，加上一定量的合理利润作为商品价格，以获取正常情况下的合理利润

（2）生存导向定价目标。

即在企业经营不景气的情况下，制定较低的商品价格，以吸引消费者，扩大销售，维持企业的生存。

以维持生存为定价目标，一般是以弥补可变成本为基本标准，所制定的商品价格只要大于可变成本，企业就可以维持生存，在维持生存的基础上再去追求一定目标的利润。

（3）销售量导向定价目标。

这种定价目标是指企业为获得一定水平的销售量或市场占有率所确定的目标。

销售量在一定程度上反映了企业的经营状况，但反映不出企业市场地位的变化。市场占有率不仅能反映该企业的经营状况、竞争能力，而且能反映企业市场地位的变化。企业往往通过降低价格的办法来吸引消费者，实现提高市场占有率的目的。

（4）质量导向定价目标。

质量导向定价目标，是指企业为在市场上树立产品质量领先地位或产品形象所设立的定价目标。为达到此定价目的，企业一般会给自己的产品制定一个较高的价格，以显示该产品高品位、高性能的优质形象。

这种定价目标主要适用于高档商品、名牌商品和特色商品。

2. 市场供求变化

在市场经济社会环境中，供求关系的变化会对商品价格的形成产生直接的影响。

（1）需求对价格形成的影响。

需求规律表明，价格受需求的影响呈同一方向变化，即需求量增加，造成供应紧张，就会刺激价格上涨；需求量减少，出现产品过剩，又会导致价格下降。

（2）供给对价格形成的影响。

供给规律表明，价格受供给的影响呈反方向变化，即供给量增加，出现供过于求的情况，会导致价格下降；供给量减少，出现产品供不应求的情况，价格会上升。

3. 国家的经济政策

在市场经济条件下，国家虽然不制定价格，但国家的经济政策对市场价格的形成有一定的影响，主要表现在国家的某些经济政策或法令的执行，会引起商品价值、货币价值、市场供求关系等变动，从而间接地引发价格的变动。

4. 市场竞争

在市场经济环境条件下，价格还要经过市场竞争机制的过滤才能最终形成。市场竞争对商品价格形成的影响，主要表现在以下几个方面：

（1）卖者与买者之间的竞争。

在市场上，卖者总是希望自己的商品能够卖一个好价钱，而买者总是希望自己买到的商品价格更便宜，这样，买者与卖者之间就要进行讨价还价，最终买者与卖者以双方都认可的价格成交，形成最终价格。

（2）卖者之间的竞争。

当某种商品供过于求时，卖者之间的竞争就会比较激烈。卖者之间为争夺市场，会采取一系列促销手段推销商品，竞争的结果是使商品价格趋于下降而形成较低的市场价格。

（3）买者之间的竞争。

当某种商品出现供不应求时，买者之间的竞争会比较激烈。买者为了得到自己所需要的商品，宁愿出较高的价钱，这样竞争的结果是使商品价格趋于上涨而形成较高的市场价格。

5. 相关商品价格的影响

在现实生活中，有许多商品价格之间存在相互影响、相互制约的关系，一种商品价格的变动会影响另一种商品价格的变动。主要的有替代商品价格之间的影响和互补商品价格之间的影响。

（1）替代商品价格之间的影响。

功能相同或相近，能够满足消费者同一方面的需要的商品，称为替代商品。替代商品的价格会相互影响。一种商品价格上涨，另一种商品价格也会随之上涨。例如，肥皂与洗衣粉在使用功能上具有替代性，替代品的需求量虽呈反方向变化，但价格会呈现出同涨同跌的变化。

（2）互补商品价格之间的影响。

组合在一起才能满足消费者某方面需要的商品称为互补商品。互补商品的销售量呈同一方向变动，但价格呈反向变动，一种商品价格下跌，另一种商品价格反而上涨。例如，汽车和汽油是互补商品，汽车价格呈下降趋势，汽油价格则呈现上涨趋势，以使消费者愿意在某一消费水平下消费互补性商品。

案例评析

沃尔玛之所以能够实现平价销售的承诺，是因为其利用连锁经营的优势，取得低廉的进货成本，因而获得价格上的优势。

任务二　商品价格的制定

案例导入

家乐福的定价策略

战略性的低价竞争策略的通常做法是“生鲜聚人气，杂货创业绩，百货创利润”。多数商品价格不低于同行，特别是市面上少见的商品，价格甚至比市场行情还要高。

高/低组合零售定价法：顾客经常购买、价格弹性比较大的商品定价很低，其余商品的正常售价很可能高于真正每日低价的竞争者。

思考:

家乐福的定价策略为什么能够成功?

知识探究

在制定价格时，不仅要考虑商品价格形成的基础，还应遵循一定的定价原则，运用一定的定价技巧，使所制定的价格具有良好的适用性。

一、商品定价原则

价格的制定，既要符合国家相关价格政策的要求，又要符合市场经济的运行规律。因此，企业制定商品价格须遵循下列基本原则。

1. 价格与价值相符合原则

价格是价值的货币表现，价格符合价值，是制定商品价格的基本前提。

2. 符合市场商品供求规律原则

供求不是决定价格的基础因素，但供求是影响商品价格形成的重要因素。因此，商品生产者和经营者在制定商品价格时，应考虑市场供求因素的影响。

3. 考虑商品市场竞争状况

市场价格的形成，除了受商品价值和市场供求状况的影响外，还要受到市场竞争的影响。因此，生产者和经营者在制定商品价格时，需要考虑该商品所处的市场竞争环境和条件。

4. 符合国家经济政策的要求

国家有关经济政策的调整，在宏观上会影响商品价格的形成。制定商品价格，必须考虑国家有关经济政策的影响。

5. 追求适当利润原则

追求利润是企业经营的目标，因为利润是企业生存与发展的物质基础。只有把企业的利益和消费者的利益结合起来，确定合理的商品价格，经营企业才会有获利的机会，企业的生存与发展才会有可靠的物质保障。

二、商品定价方法

商品市场价格的形成，主要受商品成本、市场需求和市场竞争三个方面的因素制约。与之相对应，可以将商品的定价方法归纳为成本导向定价法、需求导向定价法和竞争导向定价法，如图 7－2 所示。

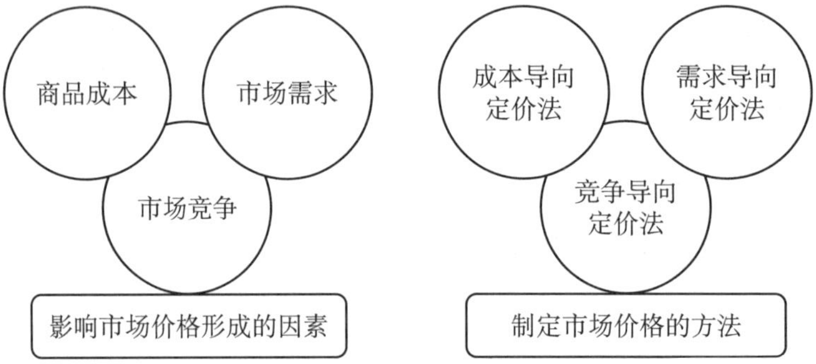

图 7－2 商品定价方法

1. 成本导向定价法

成本导向定价法，是以商品单位成本为基本依据，再加上预期利润来制定价格的定价方法。

这种定价方法的优点在于考虑了成本的因素，能够保证卖方收回成本，并取得合理的利润。缺点是没有考虑供求关系和竞争因素对价格形成的影响，不利于市场价格的形成。

成本导向定价法包括成本加成定价法、目标利润定价法、边际贡献定价法等。

（1）成本加成定价法。

成本加成定价法是在单位产品成本的基础上，加上一定比例的预期利润作为产品销售价格的定价方法。加成，是指以商品成本为基数计算的百分比，也可以用加成率来表示，加成率即为成本利润率。计算公式如下：

单位商品价格＝单位成本＋单位成本×成本利润率＝单位成本×(1＋成本利润率)

【例】某企业全年生产某产品 10 000 件，固定总成本 60 万元，变动总成本 40 万元，该企业计划成本利润率为 20%，试计算该产品的销售价格。

解：

单位产品成本＝（600 000＋400 000）÷10 000＝100（元）

销售价格＝单位成本×（1＋成本利润率）＝100×（1＋20%）＝120（元）

（2）目标利润定价法。

目标利润定价法，是企业根据总成本和确定的目标利润来制定产品价格的定价方法。

（3）边际贡献定价法。

边际贡献定价法也称边际成本定价法，就是以边际成本为基础来制定价格的方法。

边际成本，是指企业在原有产品生产或销售的基础上，多生产或销售一个单位商品所支出的追加成本。因为这种追加成本的计算没有考虑固定成本的补偿问题，所以这部分成本可以近似地看成是可变成本。

边际贡献，是指企业增加一个产品的销售所获得的收入减去边际成本的差额，即

边际贡献＝销售价格－单位可变成本

由上式可以导出销售价格的计算公式：

销售价格＝单位可变成本＋边际贡献

【例】某企业年固定成本 100 万元，每件产品单位可变动成本 80 元，年销售量 10 000 件，年计划总贡献 50 万元。试计算单位产品销售价格。

解：

销售价格＝单位可变成本＋边际贡献＝80＋500 000/10 000＝130（元）

这种定价方法比较适合于市场不景气、产品销售困难或销售最后剩余产品时使用。

（4）盈亏平衡定价法。

盈亏平衡定价法，是利用盈亏平衡点原理来制定价格的方法。盈亏平衡点又称盈亏分界点，企业产品销售量达到平衡点时的价格就是盈亏平衡价格，此时企业就可以实现盈亏平衡。如果销售量不变，超过这个价格水平，企业就可以盈利。计算公式：

盈亏平衡价格＝单位产品变动成本＋保本产量

盈亏平衡定价法比较适合于市场不景气、产品销售比较困难时的保本定价。如果在此基础上提高单位商品价格或增加产销量，都可以实现一定量的收入。

2. 需求导向定价法

需求导向定价法，是依据消费者对商品价值的理解和需求差别来制定价格的定价方法。

需求导向定价法充分考虑了消费者的需求，符合市场价格形成的规律，但是没有考虑成本补偿问题。

需求导向定价法主要有认知价值定价法和需求差异定价法。

（1）认知价值定价法。

认知价值定价法，是企业根据消费者对产品价值的认知来制定商品价格的定价方法。各种商品在消费者的心目中都有一个特定的价值，消费者在选购某一种商品时，常会将该种商品与其他同类商品作比较，通过权衡价值的高低决定是否购买。如果消费者对该商品的认知价值高于该商品的市场价格，就会愿意购买该商品；如果消费者对该商品的认知价值低于该商品的市场价格，一般不会购买该商品。

采用认知价值定价法的关键，是正确估计消费者对商品的认知价值。如果估计过高，

定价就会过高，销售量会减少；如果估计过低，定价就会过低，销售量虽然会有所增加，但销售收入不一定会增加。因此，为了准确把握市场认知价值，还需要对商品和市场的性质做详细的研究。评判认知价值定价法的标准是企业利润的增加。

（2）需求差异定价法。

需求差异定价法，是以不同时间、不同地点、不同消费者群对同一商品不同的需求来制定不同价格的定价方法。这种定价方法首先考虑的是消费者需求的不同特性，而不考虑成本补偿的问题，能使商品最大限度地符合各类消费者的需求，使企业获得最佳经济效益。根据消费者需求的不同特性，需求差异定价法主要有顾客差异定价、时间差异定价、地点差异定价和产品差异定价四种，见表7-3。

表7-3　　需求差异定价法

定价方法	描述	举例
顾客差异定价	根据不同消费者的消费性质、消费水平和消费习惯，制定不同的价格	铁路客运对普通乘客、学生和儿童分别制定不同的价格
时间差异定价	相同的商品在不同的时间制定不同的价格	季节性消费的商品，在消费旺季给予较高的定价，消费淡季给予较低的定价
地点差异定价	相同的商品在不同的地点制定不同的价格	影剧院不同位置座位的票价不同，列车卧铺上、中、下铺位票价不同
产品差异定价	同种商品不同式样制定不同的价格	某些食品，如品质相同的奶粉，礼品装、普通装、特惠装价格会有很大差异

3. 竞争导向定价法

竞争导向定价法，就是以竞争者的产品特性、市场表现、价格水平为依据制定本企业产品价格的定价方法。

竞争导向定价法考虑了市场竞争对价格形成的影响，使企业所制定的价格更接近市场价格的实际情况，有利于企业参与市场竞争。

竞争导向定价法主要有通行价格定价法、竞争价格定价法、密封投标定价法等。

（1）通行价格定价法。

通行价格定价法，是使自己商品的价格与市场上主要竞争者的商品价格或市场平均价格保持一致的定价方法。平均价格在人们的观念中是合理的价格，易于被消费者所接受，同时也可以避免激烈的市场竞争所带来的风险。

通行价格定价法主要适用于均质产品定价，如粮、油以及一些日常生活用品，消费者对这类商品的价格往往都很敏感，采用通行价格定价法比较合适。

（2）竞争价格定价法。

竞争价格定价法，是指企业通过营销努力，使自己的产品在消费者心目中树立起不同的产品形象，制定与竞争者不同的价格的定价方法。

竞争价格定价法是一种主动定价方法，一般为实力雄厚或独具特色的企业所采用。这种定价方法的定价程序一般是：首先，将市场上竞争者的产品价格与本企业估算的产品价格相比较，分为高于、等于和低于三个层次；其次，将自己的产品与竞争者的产品在性能、质量、成本、式样、产量等方面进行比较，分析造成价格差异的原因；最后，根据上述指标和本企业产品的特色、优势及市场定位，按照定价所要达到的目标确定商品价格。

（3）密封投标定价法。

密封投标定价法是指在产品和劳务交易中，采用招投标的方式，由一个买主对多个卖主的出价择优成交的定价方法。在国内外，许多大宗商品、原材料、成套设备和建筑工程项目、政府采购等，往往采用这种定价方法。

密封投标定价法的过程包括招标、投标和开标三个阶段。首先，由招标方制定标书，确定底标，然后公开发布招标公告；其次，投标方根据招标书的规定，提出具有竞争性报价的标书并送交招标者；最后，在招标者规定的时间内召集所有投标者公开开标，选择最有利的投标报价者进行交易，签订采购合同。

案例评析

家乐福的定价策略之所以能够成功，很大程度上取决于其直接从厂家进货，还得到了厂家促销的支持。否则，这种定价策略就会因无利可图而失败。

任务三　定价策略与定价技巧

案例导入

索尼彩电定价策略

1990年，当索尼在日本市场首先引入高清晰度彩电（HDTV）时，这个高科技产品价值43 000美元，这种电视机的客户定位是那些可以为高科技负担高价格的顾客。其后三年，索尼不断降低价格以吸引更多的顾客。到1993年，日本顾客只要花费6 000美元就可以购得一台28英寸的高清晰度彩电。2001年，日本顾客仅需2 000美元就可以买到40英寸的高清晰度彩电，而这个价格是大多数人都可以接受的。索尼以此种方式从不同的顾客群中获得了最大限度的利润。

思考：

索尼彩电定价为什么先高后低？

知识探究

一、定价策略

定价策略，就是制定商品价格时所采用的技术手段和技巧。在定价实践中，定价策略主要有新产品定价策略、系列产品定价策略、折扣定价策略和心理定价策略等几种类型，如图 7－3 所示。

图 7－3　定价策略的类型

1. 新产品定价策略

一种新产品初次上市，能否打开市场销路并取得预期的利润，其定价策略起着重要的作用。常见的新产品定价策略有撇脂定价策略、渗透定价策略和满意定价策略三种，如图 7－4 所示。

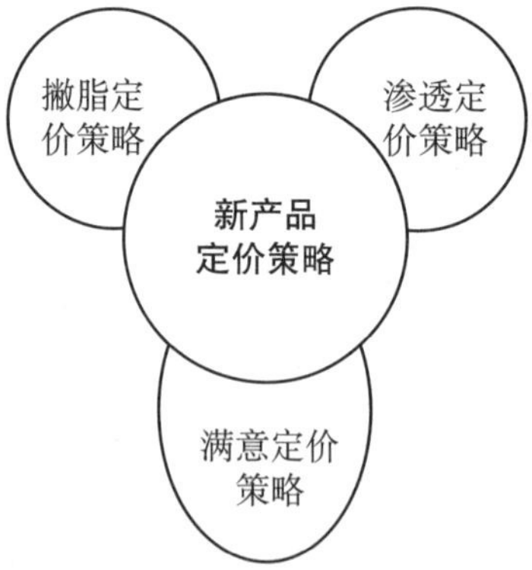

图 7－4　新产品定价策略

（1）撇脂定价策略。

撇脂定价策略，是指在新产品上市初期，以较高的价格把产品推向市场，以便在短期内获得尽可能多的利润。这种定价策略如同在牛奶上层撇奶油一样，所以称为撇脂定价策略。

（2）渗透定价策略。

与撇脂定价策略相反，渗透定价策略是以较低的价格推出新产品，以使新产品在短期内打开销路，并最大限度地渗入市场。这种定价策略像雨水浸润泥土一样渗透进去，所以叫作渗透定价策略。

（3）满意定价策略。

满意定价策略，就是将新产品价格定在一个比较合理的水平上，既能够让顾客满意，又能使企业获得适当的利润。这种定价策略兼顾了生产者、经营者和消费者各方的利益，使市场各方都能够接受，所以称为满意定价策略。满意定价策略，是一种产销都比较稳定的新产品进入市场时比较理想的定价策略。

2. 系列产品定价策略

系列产品，是指在生产、经营或消费上具有相关关系的一组产品。与单一产品不同，相关产品之间的关系决定了系列产品定价必须兼顾产品之间的关系，以使整个产品系列获得最大的经济效益。系列产品定价策略主要有产品线定价策略、替代品定价策略和互补品定价策略，如图 7－5 所示。

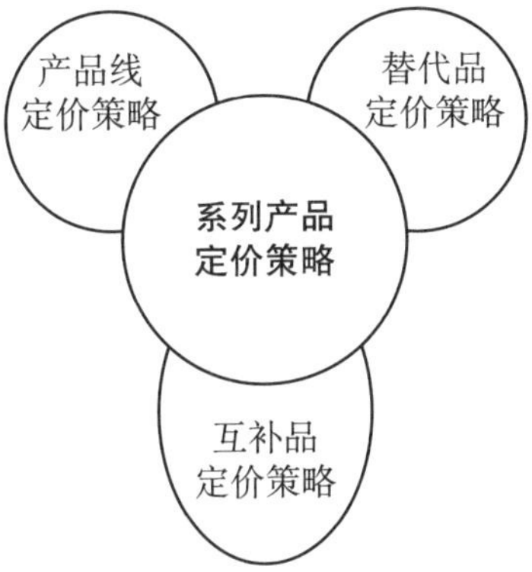

图 7－5　系列产品定价策略

（1）产品线定价策略。

企业生产经营的系列产品，在生产、销售或需求上大多存在相关关系，为了充分发挥这种内在关联性的积极效应，企业可以采取产品线定价策略。

在产品线中，两个终端的价格往往比产品系列中其他产品价格更能引起消费者的注意。低端的价格一般具有较强的诱惑力，容易被人记住，所以低端价格往往用来作为打开销路的诱饵产品价格；高端价格往往代表产品线的最高品质，起着提高产品形象、树立产品市场地位的作用。产品线这两个端点的价格水平能为潜在的买主提供产品的某种信息，或便宜或高档，并对整个产品线中的其他产品起着市场定位的作用。

（2）替代品定价策略。

替代品是指能使消费者得到相同的消费满足的不同产品，它可以在功能、性能上替代原有产品。替代品价格的市场效应是：一种产品价格上升，这种产品的销售量就会下降，替代品的销售量就会上升。企业可以利用替代品价格的市场效应来调整企业的产品结构，促进企业整体效益的提升。

（3）互补品定价策略。

互补品是指在功能上互相补充，使用上需要配套的一组产品。互补品在日常消费中大量存在，如钢笔与墨水、汽车与汽油、打印机与耗材等。互补品在价格上的相关性表现在它们之间需求的同向变动上，如果发挥主要功能的主件产品价格下降，主件产品的需求就会上升，与之配套使用的次件产品不管价格是高还是低，其需求都会有所上升。企业可以利用这种互补效应，以降低主件产品的价格来开拓市场，再通过提高互补产品的价格使总利润增加。

3. **折扣定价策略**

折扣定价，是指对基本价格作出一定让步，直接或间接降低产品价格，以达到争取顾客、扩大销售的目的。折扣定价在流通领域各个环节广泛存在，主要的形式有数量折扣、现金折扣、功能折扣、季节折扣等，如图 7-6 所示。

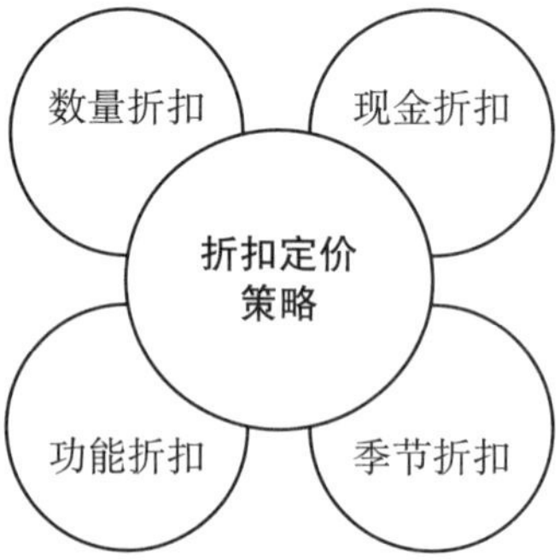

图 7-6 折扣定价策略

（1）数量折扣。

数量折扣，是企业给予那些大量购买产品的顾客的一种优惠，购买的数量越多，折扣就越大，以此鼓励顾客大量购买企业的产品。数量折扣有累积数量折扣和一次性数量折扣两种基本形式。

（2）现金折扣。

现金折扣，是给予在规定的时间内提前付款或用现金当场付清货款的顾客的一种折扣，其目的是鼓励顾客尽早付款，以加速企业资金周转，降低财务风险。

（3）功能折扣。

功能折扣，是制造商根据各类中间商在市场营销中所负担的不同业务职能，以及承担风险的大小给予的不同价格折扣。其目的是促使各类中间商愿意经营本企业的产品。

（4）季节折扣。

季节折扣，是企业给予那些购买过季产品的顾客的价格优惠。其目的是鼓励消费者反季节消费，使企业的生产和销售在淡旺季都能保持相对稳定。

从以上折扣定价策略可见，这种定价策略主要适用于对中间商的促销，而对消费者的促销作用比较微弱。

4. **心理定价策略**

心理定价策略，是指企业在制定产品价格时，运用心理学原理，根据不同类型的消费者购买心理来制定价格的定价策略。心理定价策略主要有整数定价策略、尾数定价策略、招徕定价策略、声望定价策略和习惯定价策略等几种策略，如图 7-7 所示。

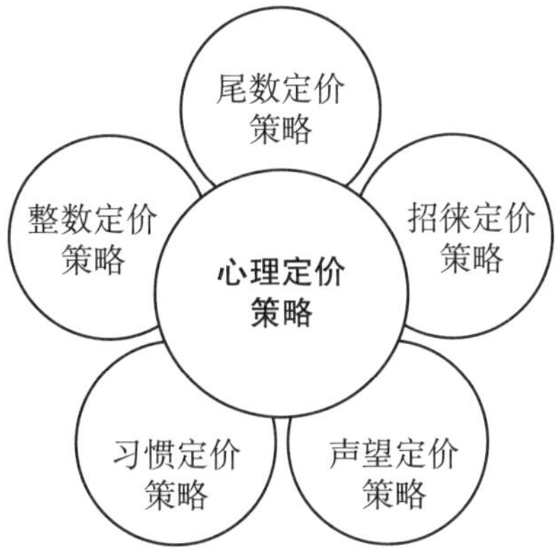

图 7-7　心理定价策略

（1）整数定价策略。

整数定价策略，是指企业在制定产品价格时，有意将产品价格定为整数，以显示产品的质量和档次。整数定价多用于较贵重的耐用消费品、礼品以及消费者不太了解的产品定价。因为对于比较重视质量的消费者来说，高价意味着优质，价格是这类消费者评价和选择商品的一个重要标准。

（2）尾数定价策略。

尾数定价策略，是指企业根据消费者的购物心理，给产品定一个非整数的价格。这种非整数价格往往会给消费者该产品定价准确或价格不贵的感觉。有时尾数定价也采用吉祥数字，以满足人们购物图吉利的心理。

（3）招徕定价策略。

招徕定价策略也称特价品定价策略，是指有意将某种商品的价格定得很高或者很低，以此吸引顾客，带动其他商品销售。

（4）声望定价策略。

声望定价策略，是指根据消费者追求名牌的购物心理，给产品制定较高价格的定价策略。声望定价可以满足消费者的特殊欲望，如显示身份、地位、财富、名望等。因此这种定价策略适用于传统名优产品、知名品牌产品、具有历史地位的民族特色产品的定价。

（5）习惯定价策略。

有些产品由于消费者经常购买，对其价格十分了解，形成一种记忆深刻的认知价格，以消费者这种认知深刻的价格定价，称为习惯定价策略。对消费者已经习惯了的价格，不宜轻易变动，以防引起消费者的不满。如果确实有必要变价，可以采取变换包装、品牌或包装容量的办法，并引导消费者逐步形成新的习惯价格。

二、商品定价技巧

英国有一家小店，起初生意萧条。一天，店主灵机一动，想出一招：只要顾客出 1 英镑，便可在店内任选一件商品（店内商品都是同一价格的）。这一下子抓住了人们的好奇心理，尽管有些商品的价格略高于市价，但仍招徕了大批顾客。在国外，比较流行的同价销售术还有分柜同价销售，比如有的小商店开设 1 元商品专柜、2 元商品专柜，而一些大商店则开设了 10 元、50 元、100 元商品专柜。

上述案例给我们的提示是，商品定价是有技巧的。企业常用的商品定价技巧如图 7－8 所示。

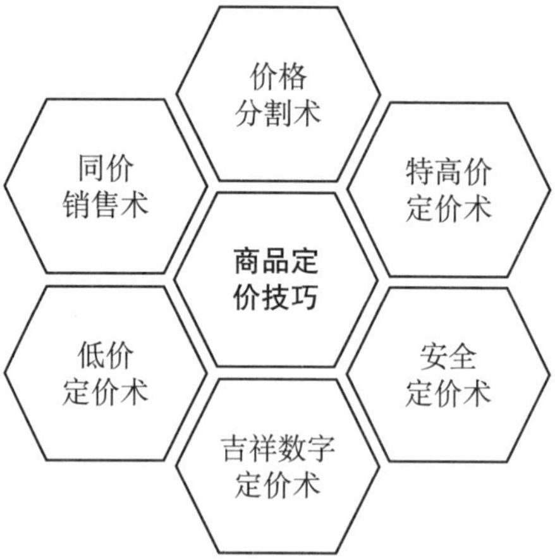

图 7－8　商品定价技巧

1. 同价销售术

前文案例中英国小店的定价技巧就是同价销售术。这种定价技巧对引客进店起到了很大作用，但应用范围有限，对大多数企业来说，所经营的商品种类繁多，成本差异悬殊，不适宜在所经营的多种商品中使用这种定价技巧。

2. 价格分割术

价格分割术，即将较大的计价单位改为较小的计价单位，这样能给人们造成一种价格便宜的感觉。这是一种心理定价技巧，有助于消除人们对高价格的排斥感。

价格分割术有两种基本形式：一是用较小的单位报价，如茶叶不用千克报价而用 50 克报价；二是用较小单位商品价格进行比较，如每天少抽一支烟，每日就可订一份报纸。

3. 特高价定价术

高价能迎合人们想彰显尊贵的心理，一件名贵的、独一无二的商品，即使价格再高，也会有人购买。例如，某商店以每件 580 元的价格购进了少量中高档女外套，因用料、做工都很好，色彩、款式也很新颖，在本地市场上还没有出现过，于是该商店定出 1 280 元一件的高价，竟然很快就卖完了。

4. 低价定价术

这种定价技巧是先将产品价格定得尽可能低一些，谋求尽快打开市场，在市场上取得领先地位，然后通过降低成本，巩固自己的市场地位。采用这种定价技巧虽然市场先期利润会很低，但有助于打压竞争对手，使自己能够长期占领市场。这是一些实力雄厚的大企业常采用的定价方法。

5. 安全定价术

对于一般商品来说，价格定得过高，不利于打开市场；价格定得过低，又会出现亏损。因此，最稳妥的办法是制定一个适中的价格，让消费者愿意接受，商品才会好销，企业才会有更多的获利机会。

6. 吉祥数字定价术

研究人员发现，许多顾客在购买商品时，喜欢吉祥数字的价格，如国人将“8”与“发”联系起来，认为“8”会给人带来发财的好运；将“6”与“顺”联系起来，认为“6”吉祥顺利。有时商家还会把一串吉祥数字连起来运用，如“168”（谐音“一路发”）。

案例评析

索尼彩电定价先高后低，其目的是以高价格树立产品的市场形象，逐步降价是为了不断扩大产品的销售量，这样既维护了企业和产品的形象，又可以使企业实现最大利润的营销目标。

任务四 价格调整与变价管理

案例导入

奇特的价格策略

在美国伏特加酒市场上，休布雷公司属于营销出色的企业，其生产的史密诺夫酒在伏特加酒市场上占有率达23%。20世纪60年代，另一家公司推出了一种新型伏特加酒，其质量不比史密诺夫酒差，但每瓶酒的价格却比史密诺夫酒低1美元。

按照惯例，休布雷公司有三条对策可用：

第一，降低1美元，以保住市场占有率。

第二，维持原价，通过增加广告费用和推销支出与竞争对手竞争。

第三，维持原价，听任市场占有率降低。

由此看来，不论休布雷公司采取以上哪种策略，都很被动，似乎是输定了。但是，该公司的市场营销人员经过深思熟虑后，却采取了令人大吃一惊、意想不到的第四种策略：将史密诺夫酒的价格再提高1美元，同时推出一种与竞争对手的新型伏特加酒价格一样的瑞色加酒和另一种价格更低的波波酒。

思考:

第四种策略是否恰当？为什么？

知识探究

企业营销处在一个不断变化的市场环境中，营销环境的变化，迫使企业对自己产品的价格适时做出调整，以使企业的营销行为与市场环境相协调。企业商品价格调整与变价主要有降价、提价和适应性变价等几种形式，如图 7－9 所示。

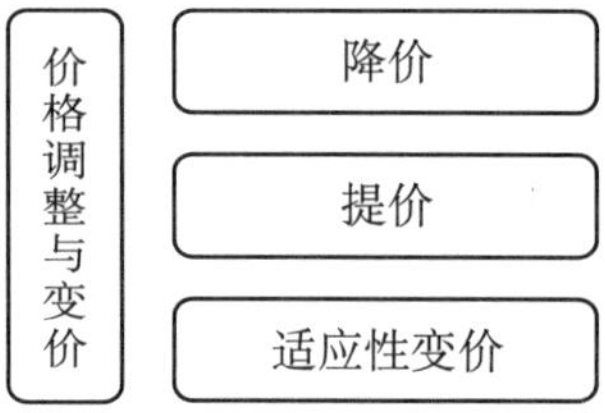

图 7－9　价格调整与变价

一、降价

1. 商品降价的原因

企业采用降价策略的原因主要有以下几个方面：

（1）企业资金周转困难，希望大量回笼货币资金。

（2）希望通过低价来开拓新市场，扩大市场份额。

（3）迫于市场竞争的压力，通过降价抑制竞争者的侵蚀。

2. 商品降价应注意的问题

（1）降价理由要充分，不能让消费者对企业降价产生怀疑。企业商品降价的理由通常有季节性降价、重大节日降价酬宾、商家庆典活动等。

（2）降价要取信于民。近些年来，打折促销已经成为商家的一种经营惯例，个别商家先提价再打折，失信于消费者。

（3）降价次数宜少不宜多。频繁促销会导致促销疲劳，给消费者的感觉是平销和促销一个样，这就失去了促销的意义。

（4）降价幅度应能引起顾客的注意。确定商品的降价幅度时，应以商品的需求弹性为依据，商品降价幅度应能激发出足够大的需求弹性，否则降价没有意义。

（5）直接降价与间接降价策略灵活应用。直接降价是不加掩饰地降低商品标价；间接降价，即维持原价格不动，只是采取增加折扣率或佣金等办法来销售商品。直接降价，顾客容易感觉到，但也容易刺激竞争对手的相继降价竞销；间接降价有一定的隐蔽性，可以暂时避免因刺激竞争对手而导致的全方位的降价竞销，但由于没有给顾客带来直接的好处，可能难以达到应有的促销效果。

（6）降价要注意观察顾客的反应。降价是为了刺激顾客购买，如果顾客对降价反应不敏感或对降价产生误解，就无法实现降价促销增收的目标。因此，降价时应对降价原因给予充分的解释说明，消除顾客对降价的误解。

二、提价

1. 商品提价的原因

在现实的经济生活中，商品提价也是一种正常的现象。提价的原因主要有以下几个方面：

（1）应付原材料价格上涨和成本的增加。成本的增加，是产品销售价格提高的主要原因。商业企业进货价格提高，经营成本增加，需要通过提高销售额来化解经营成本上升的压力。

（2）应付通货膨胀，减少企业损失。在通货膨胀的条件下，市场价格普遍上涨，企业进货成本增加。为了缓解通货膨胀的压力，减少经济损失，企业只好提价，将通货膨胀的压力向下游转移。

（3）产品供不应求，抑制过度消费。市场具有自发调节供求矛盾的功能。产品供不应求，市场价格就会上涨，价格上涨就会抑制消费，从而促进产品在新的价格水平下实现市场供求平衡。

（4）利用顾客购物心理，创造优质效应。利用高价效应，可以使产品在消费者心目中树立良好的品牌形象，有利于提高企业的知名度和产品声望。

2. 商品提价应注意的问题

（1）应多采用间接提价方式，少采用直接提价方式。直接提价，即改变当前的价格。直接提价会引起消费者的反感，应尽量避免直接提价。间接提价，即维持原价格不变，改变产品包装规格或取消折扣或减少服务等。间接提价可以减少消费者对提价的不满。

（2）宜多采用被动提价的方式，少采用主动提价的方式。

（3）提价幅度不宜过大，提价速度不宜过快，以免引起市场过大的震动。

企业应用提价策略时，无论采取哪种提价方式，都应通过一定渠道向消费者说明提价的原因，以减少顾客对提价的不满。

三、适应性变价

1. 高档商品变价策略

经营高档商品的店铺，其目标顾客群多是高收入阶层。高收入者的消费心理一般是把价格作为自身社会地位或经济地位的象征，关注的也是商品的质量保证与地位显示。因此，对于高档商品的价格调整，尤其对于降价，要保持慎重的态度。

2. 中档商品变价策略

中档商品多半是店铺经营的主角，因此商家应花大力气对其价格体系进行调整，以获得最大的整体利润。

3. 低档商品变价策略

低档商品的消费者对价格非常敏感，即使微小的价格下调，也会刺激他们的购买欲望。因此，商家对于其经营的低档商品，要经常以适当的打折销售作为诱饵，刺激消费者的购买欲望。

四、应对竞争者变价的措施

在市场上，如果竞争对手率先调整商品价格，企业应适时地采取应对措施予以回应。

（1）在同质产品市场上，如果竞争者降价，企业也必须随之降价，否则消费者就会去购买竞争者的产品而不购买本企业的产品。如果竞争者提价是个别企业行为，应观察其动态，暂不予以响应。如果提价是整个行业的行为，则企业也应该随之提价。

（2）在异质产品市场上，企业对竞争者的变价反应会有所不同。消费者对异质产品的需求不同，消费者考虑更多的是商品需求特性，如性能、功能、品质、服务甚至规格、花色，而对较小价格变动的反应则不敏感。所以在异质产品市场上，企业对竞争者的变价反应也会有所不同。

案例评析

休布雷公司的第四种策略是恰当的。通过提高价格，将史密诺夫酒定位成高档产品，这样就与竞争对手的产品区别开来。另外，休布雷公司还增加了两个不同价格层次的产品，这样可以满足市场不同收入层次的消费者的需求，不但保住了原有的市场占有率，而且有可能提高市场占有率。

答疑解惑

通过本项目的学习，我们充分认识了价格在企业经营管理中的重要地位。价格关系到企业利润的高低，关系到企业经营的成败。在市场经济条件下，企业的价格策略是决定企业生存与发展的关键性因素。价格决策是企业经营管理决策的重要内容。

项目小结

本项目从学习商品价格形成的基础开始，逐步展开对商品价格的制定与管理的研究，充分展示了价格在企业经营管理中的重要地位。

商品价格由生产成本 、流通费用、税金和利润四部分构成。组成商品价格的四要素，是决定价格水平的基础因素。价格的形成还要受企业定价目标、市场供求变化、国家经济政策、市场竞争和相关商品价格的影响。

商品定价方法主要有成本导向定价法、需求导向定价法和竞争导向定价法。

商品定价策略主要有新产品定价策略、系列产品定价策略、折扣定价策略、心理定价策略。商品定价技巧主要研究了同价销售术、价格分割术、特高价定价术、低价定价术、安全定价术和吉祥数字定价术。

价格调整与变价管理主要研究了企业降价策略、提价策略、适应性变价策略以及应对竞争者变价的措施等内容。

实训练习

一、基础训练

(一) 判断题（正确的打“√”，错误的打“×”）

1. 商品价值由转移价值和新创造的价值两部分构成。(　　)

2. 需求对价格形成影响的表现是，当需求量上升时，价格也会上升；当需求量下降时，价格也会随之下降。(　　)

3. 成本导向定价，就是以商品成本作为商品价格的定价方法。(   )

4. 需求导向定价，就是价格由消费者说了算。如消费者与销售者的讨价还价就是需求导向定价。(   )

5. 替代品是指能使消费者得到相同的消费满足的不同产品。(   )

6. 互补品是指在功能上互相补充，使用上需要配套的一组产品。(   )

7. 同质产品，是指质量无差别的同种产品，如城市供水、供电、煤气等。(   )

8. 异质产品，是指质量、规格、花色、款式等不同的同种产品，如各类服装、化妆品等。(   )

(二) 单项选择题(请将你认为最合适的选项代号填入括号中)

1. 下列选项中，不属于价格构成的是(   )。

A. 生产成本　　B. 流通费用
C. 价外税　　D. 商业利润

2. 下列选项中，不属于企业定价目标的是(   )。

A. 利润　　B. 企业生存
C. 企业发展　　D. 销售量

3. 成本加成定价法中的“加成”是指(   )。

A. 以销售价格为基数计算的百分比　　B. 商品销售价格与成本之间的差额
C. 以商品成本为基数计算的百分比　　D. 纯利润

4. 下列定价方法中，不属于竞争导向定价法的是(   )。

A. 需求差异定价法　　B. 通行价格定价法
C. 竞争价格定价法　　D. 密封投标定价法

5. 下列产品中，属于替代品的一组商品是(   )。

A. 海尔 280 升、230 升和 180 升电冰箱　　B. 钢笔与墨水
C. 汽车与汽油　　D. 肥皂与洗衣粉

6. 下列产品中，属于互补品的一组商品是(   )。

A. 海尔 280 升电冰箱与新飞 220 升电冰箱　　B. 休闲装与运动装
C. 汽车与汽油　　D. 肥皂与洗衣粉

7. 有意将某种商品价格定得很高或者很低的定价策略是(   )。

A. 习惯定价策略　　B. 招徕定价策略
C. 声望定价策略　　D. 满意定价策略

8. 对于一些消费者经常购买，且对商品价格十分了解的商品，宜采用(   )。

A. 招徕定价策略　　B. 声望定价策略
C. 习惯定价策略　　D. 弃零取整定价策略

(三) 多项选择题(选择两个或两个以上的选项代号填入括号中)

1. 下列选项中，属于商品价格构成要素的是(   )。

A. 生产成本　　B. 流通费用
C. 税金　　D. 利润

2. 在商品价格构成中，属于新创造价值部分的是(   )。

A. 生产成本　　B. 流通费用

C. 税金　　D. 利润

3. 下列定价方法中，属于成本导向定价法的是(　　)。

A. 成本加成定价法　　B. 目标利润定价法

C. 边际贡献定价法　　D. 盈亏平衡定价法

4. 下列定价方法中，属于市场价格定价方法的是(　　)。

A. 政府定价　　B. 成本导向定价

C. 需求导向定价　　D. 竞争导向定价

5. 下列定价策略中，属于新产品定价策略的是(　　)。

A. 撇脂定价策略　　B. 渗透定价策略

C. 保本定价策略　　D. 满意定价策略

6. 下列定价策略中，属于系列产品定价策略的是(　　)。

A. 产品线定价策略　　B. 替代产品定价策略

C. 互斥产品定价策略　　D. 互补品定价策略

7. 企业商品降价可能的原因是(　　)。

A. 企业资金周转困难，希望大量回笼货币资金

B. 希望通过低价来开拓新市场，扩大市场份额

C. 迫于市场竞争的压力，通过降价抑制竞争者的侵蚀

D. 价格定高了，产品卖不出去

8. 企业商品提价的原因可能是(　　)。

A. 应付原材料价格上涨和成本的增加　　B. 应付通货膨胀，减少企业损失

C. 产品供不应求，抑制过度消费　　D. 利用顾客心理，创造优质效应

二、拓展训练

任务：到超市或商场进行实地考察，观察超市或商场不同商品的定价策略和定价技巧。

要求：搜集一定数量的商品价格进行对比分析，找出定价策略和定价技巧的异同。

目的：认识商品定价策略和定价技巧。

训练方式：小组集体走访调查，汇总调查资料，对企业定价技巧进行分析。

项目八 商品陈列管理

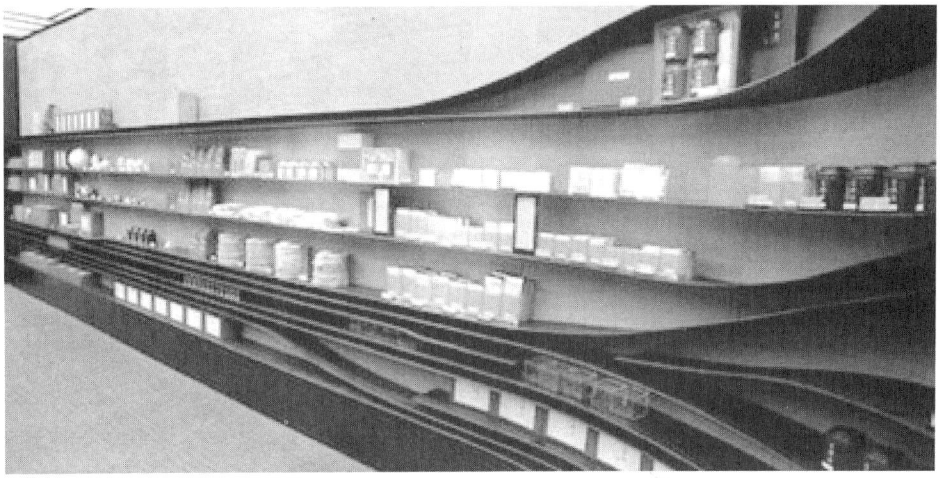

问题引入

商业企业经营活动的基本形式是销售商品。要经营商品，首先要展示商品，让消费者了解商品，接受消费者的比较、评价与选择。学习并掌握有关商品陈列知识，能够很好地解决展示商品的问题。

任务导读

本项目从认识商品陈列的内涵开始，通过对商品陈列意义的认识、对商品陈列原则的把握，以及对商品陈列类型的描述，逐步引导学生进入商品陈列知识的情境，系统学习有关商品陈列的技术、方法和陈列的技巧。

学习目标

- 了解商品陈列的含义及意义
- 熟悉商品陈列的技术、方法和陈列的技巧
- 通过实训练习、观摩，深刻理解并掌握商品陈列的技术、方法和陈列技巧

任务一　商品陈列概述

案例导入

一位大学生在7－11店铺中打工，由于粗心大意，在进行酸奶订货时多打了一个零，使原本每天清晨只需3瓶酸奶变成了30瓶酸奶。按规定，应由该学生自己承担损失。这位大学生为了尽快将这些酸奶卖出去，想出了一个办法：把装酸奶的冷藏柜移到盒饭销售柜旁边，并做了一个POP（卖点广告），写上“酸奶有助于健康”。令她喜出望外的是，30瓶酸奶很快销售一空。从此，在7－11店铺中，酸奶的冷藏柜同盒饭销售柜摆在了一起。

思考:

这个案例说明了什么?

知识探究

一、什么是商品陈列

商品陈列，是指运用一定技术方法和技巧，借助一定的设备或道具，将商品进行合理的摆放、展示，以达到方便顾客购买、提高销售效率目的的一项经营管理工作。

商品陈列不是商店对所经营的商品进行被动无序的堆放，而是一种经过精心设计，有序合理地摆放商品、展示商品的经营管理活动。商品陈列可以起到展示商品、刺激销售、方便购买、提高店面视觉效果、美化购物环境等作用。因此，商品陈列既是一门科学，更是一门艺术。

二、商品陈列的意义

商品陈列可以有效改善购物环境，提升企业的整体形象，增加商品销售，提高企业的经济效益。做好商品陈列管理工作，对零售企业改善经营管理有以下几项重要意义。

1. 良好的商品陈列可以有效地提升企业的整体形象

商店不论规模大小，建筑风格如何，商品陈列都会起到装饰门面、引客进店的作用。

良好的商品陈列设计，可以为消费者提供一个优美的购物环境，提升消费者对企业的好感。因此，井然有序的商品陈列，有助于提升企业整体形象，促进企业经济效益的不断提高。

2. 良好的商品陈列能够引起消费者的注意，起到诱导消费的作用

消费者进店，购物目的往往不是很明确，经营者通过有意识、有目的地突出某些商品陈列，有选择地诱导消费者重点注意这些商品，可以起到诱发消费者的购买动机、促使消费者购买行为发生的作用。因此，良好的商品陈列是对消费者的一种无声诱导。

3. 良好的商品陈列，方便消费者购物

消费者购买某种商品的前提是有需求。合理有序的卖场布局，可以使消费者很容易找到所需商品，如果再将消费者购买频率较高的商品摆放在易于观察、拿取的货架上，就会大大提高消费者选购商品的效率，给消费者留下一个方便购买的好印象，有利于培养消费者的忠诚度。

4. 良好的商品陈列会创造一个优良的购物环境，促进商品销售

通过商店整体环境布局，可以有效地改善商店购物环境，延长消费者在本店停留的时间，提高单位消费者购买商品总额，在方便消费者购物的同时，产生扩大销售的效果。

5. 良好的商品陈列，有助于提高商店单位空间的有效利用率

井然有序、科学合理的商品陈列，可以合理分配商品的展位，在有限的货位空间展示更多的商品，提高商店单位空间的有效利用率。

三、商品陈列的基本原则

商品陈列的目的是展示商品，引起消费者的注意，激发消费者的购买欲望，并促使消费者采取购买行动。在进行商品陈列规划时，应遵循以下基本原则。

1. 分类明确原则

分类明确是商品陈列的首要原则。必须让顾客很容易找到商品，顾客如果找不到或者不容易找到想买的商品，会失望而去，而且会留下商场商品不全、企业经营管理不善的印象。为此，商品陈列要做到分区分类明确，易于让顾客按照商品的类别找到该商品的经营区域。

2. 清晰醒目原则

商品陈列要做到清晰醒目，根据所经营商品的特征分配合适的陈列空间，使各类商品都容易被看到。各类商品所占陈列空间大小要合适，高度应适宜。例如，大件商品放在货架底层；流转慢的商品放在货架上层；细小的商品应积小成大，增强视觉效果，陈列的空间位置和高度适宜，易于引起视觉注意。

3. 显而易见原则

显而易见，即陈列的商品互不遮挡，陈列位置前低后高，使陈列的商品容易被顾客看见。为了达到陈列商品最佳展示效果，应做到以下几点：

（1）商品要正面或稍微倾斜地面向顾客。

（2）商品价签与商品对应，位置正确，价签要面向顾客。

（3）货架下层不易看清的陈列商品应倾斜陈列，上层商品陈列要注意安全，防止跌落。

（4）配合商品先进先出的销售原则，摆在货架内侧的商品要随着商品的销售不断前移，补充前排已售出商品的货位。

4. 易于取放原则

商品陈列易取易放，方便顾客观察、了解和挑选商品，可以增加商品销售的机会。在商品陈列中，挑选性强的商品摆放的高度应适宜，所陈列商品之间留有足够的空间，易于顾客拿取或放回原处。

5. 丰满陈列原则

丰满陈列可以给顾客商品丰富的好印象，有助于吸引顾客注意力，增加销售。如果货架陈列不满，商品就会缺乏自身的表现力，会给人一种商品不多、品种不全的感觉。另外，商品丰满陈列，还可以提高货架的存货能力，减少库存量，加速商品周转。

6. 关联陈列原则

很多商品在顾客心目中是有关联性的，把具有关联性的商品搭配陈列在一起，既能满足顾客购买关联商品的需要，又能增加商品销售。因此，要善于发现商品之间的关联性，为顾客提供有关联性的组合商品，在满足顾客需求的基础上追求企业利润。

关联性商品的陈列要注意以下几点：

（1）邻近商品之间必须要有很强的关联性和互补性，充分体现商品购买或消费使用的连带性，如购买茶叶时人们往往会购买茶具。

（2）关联陈列往往要打破商品分类之间的界限，所以组织关联商品陈列，应尽可能地再现消费者消费生活的原型，合理组织关联商品搭配陈列。

四、商品陈列的基本类型

从不同角度观察，商品陈列有不同的表现形式，常见的主要有以下几种。

1. 并列陈列与单独陈列

（1）并列陈列，即将同类商品并列排放在一起进行陈列。这种陈列方式淡化了商品品牌的作用，便于消费者从最关心的质量和价格两个方面对商品进行比较。这种陈列方式比较适合于品质趋同、品牌影响力不大的商品陈列，如日用消费品、食品以及小商品的陈列。

（2）单独陈列，是指将同类商品按某一标志进行分类陈列，如按品牌、按规格、按花色、按式样等。这种陈列方式突出了商品某一方面的特征，便于消费者比较选购。如家用电器等高档耐用消费品，按品牌陈列可以突出商品的品牌效应，便于消费者认牌选购。

2. 纵向陈列与横向陈列

（1）纵向陈列，是指将同类商品从上到下地放在一个或一组货架内，顾客能轻而易举地看清所有同类商品的陈列。纵向陈列的优点是顾客只需站立，目光上下移动就可以看清全部商品，省时省力；可使各种商品能够分享到货架上段、中段和下段的销售利益，获得同样的促销效果。其缺点是同种商品横向空间比较小，不利于顾客目光在某一商品上的停留。

（2）横向陈列，是指将同类商品按水平方向陈列。横向陈列会引导顾客走向货架深处，但要看清全部商品需要往返走动；横向陈列还会使货架上、下两段货架的商品销售效果受到一定影响。

一般认为，纵向陈列比横向陈列的陈列效果好。

3. 廉价陈列与高档陈列

（1）廉价陈列，即将商品大量堆放或落地陈列。花车陈列属于廉价陈列，它给顾客一种大众化的感觉，让你任意挑选，能够刺激顾客的购买欲望。

（2）高档陈列，是指用豪华的货架和灯光处理的方法制造高档感觉的陈列方式。如首饰、腕表的陈列手法。

案例评析

这个案例说明了合理地陈列商品，可以起到展示商品、刺激销售、方便购买的作用。盒饭的销售频率高，酸奶的销售频率低，酸奶与盒饭都是人们的早餐食品，将酸奶与盒饭摆放在一起，可以促进酸奶的销售。

任务二　商品陈列方法

案例导入

相关产品，顺便“搭车”也无妨

一家便利店的老板采购了一批酒瓶起子，他将这些酒瓶起子放在一个角落里，有人问了就指给别人看，卖得十分缓慢。后来，酒瓶起子的业务员巡视终端看见了该老板的陈列，给他出了个主意：你把酒瓶起子放在酒的旁边试试，我敢保证酒瓶起子的销售量会是以前的几倍。该老板不信，但又觉得业务员说得有些道理，试试也无妨。结果正如业务员所料，酒瓶起子的销售量成倍上升。

思考：

酒瓶起子为什么单独放时卖得慢，而放在酒的旁边就卖得快？

知识探究

商场商品陈列方法很多，常见的陈列方法有：磁石点陈列法、主题陈列法、黄金段位陈列法、盘式陈列法、岛式陈列法、端头陈列法、突出陈列法、悬挂式陈列法、比较陈列法、量感陈列法等。

一、磁石点陈列法

所谓磁石，是指卖场中最能吸引顾客注意力的地方。磁石点，就是顾客注意的点。超市或商场运用磁石点理论的目的，就是在卖场中最能吸引顾客注意力的地方配置合适的商品以促进销售，并希望这种配置能引导顾客逛完整个卖场，最大限度地增加顾客的购买率。磁石点陈列法如图 8-1 所示。

图 8-1 磁石点陈列法

顾客在商场购物时，是按商场布局的区域行走的。顾客进入商场的流动曲线，即所谓顾客动线。商场商品陈列围绕顾客流动曲线布局，可以起到引导顾客购物、延长顾客停留时间、方便顾客选购、扩大商品销售的作用。

顾客动线的布局，应以能使顾客最大限度且不重复地走完卖场为基本原则。因此，卖场设计一般以环形设计为好。图 8-2 所示是一个超市卖场设计平面图。

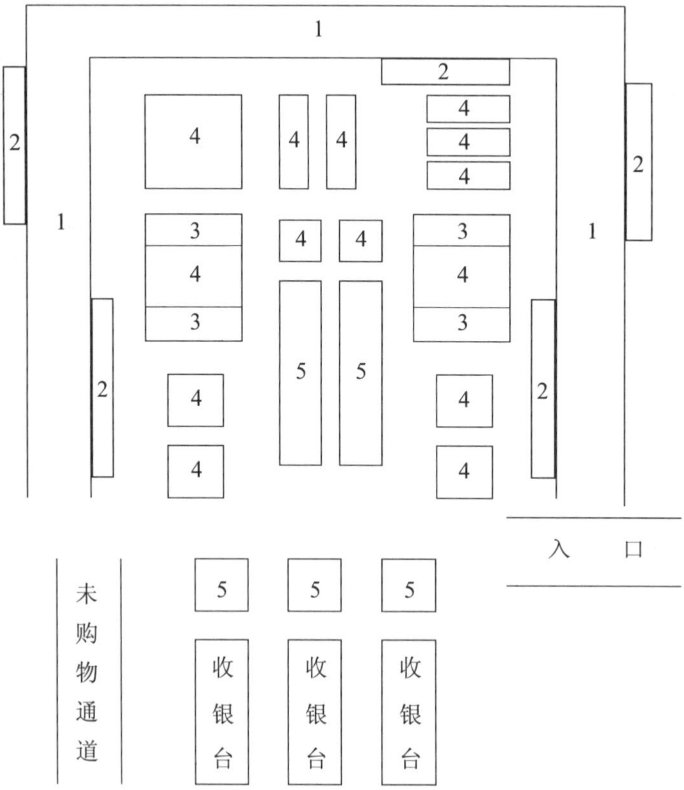

1为第一磁石点；2为第二磁石点；3为第三磁石点；4为第四磁石点；5为第五磁石点

图 8-2 某超市卖场设计平面图

商场的卖场一般是一个矩形，最有号召力的商品应该放在这个矩形的周边，即商场的三条边线。商场内必须处处有卖点，以增加消费者在场内停留的时间。具有卖点的商品一般是购买频率高、新颖时髦、季节性强的商品，或者是商场主推商品、高利润商品、特价商品或清仓换季商品等。超市或商场的磁石点一般有 5 个，见图 8－2。不同的磁石点应该配置相应的商品，见表 8－1。

表 8－1　超市或商场不同磁石点的商品配置

磁石点	在店铺中的位置	配置要点	商品配置
第一磁石点	位于卖场中主要通道两侧，是顾客必经之地和商品销售最主要的位置	由于特殊的位置优势，不必刻意装饰即可达到很好的销售效果	主力商品，购买频率高的商品，采购力强的商品
第二磁石点	穿插在第一磁石点的中间	有引导顾客走到卖场各个角落的任务，需要突出照明度及陈列装饰	流行商品，色泽鲜艳、容易抓住顾客眼球的商品，季节性强的商品
第三磁石点	位于超市中央陈列货架两头位置	是卖场中顾客接触频率最高的位置，盈利机会大，应该重点配置，商品摆放三面朝外	特价商品，高利润商品，厂家促销商品
第四磁石点	卖场中副通道的两侧	重点以单项商品来吸引消费者，需要在陈列方式和促销方式上刻意体现	热销商品，特意大量陈列的商品，广告宣传商品
第五磁石点	位于收银台前的中间卖场，是非固定卖场	能够吸引部分顾客集中于此，烘托门店气氛，展销主体商品需要不断变化	用于大型展销，特卖活动或者节假日促销

1. 第一磁石点：主力商品

第一磁石点位于主要通路的两侧，是消费者必经之地，也是商品销售最主要的地方。此处应配置的商品为能吸引消费者至店铺内部的商品，包括消费量大和消费频度高的商品。将商品配置于第一磁石点的目的是增加销售量。

2. 第二磁石点：展示观感强的商品

第二磁石点位于主通道的末端，穿插在第一磁石点的中间。第二磁石点的陈设承担着诱导消费者走进卖场各个角落的任务，在此应配置的商品有最新的商品、季节性商品、明亮华丽的商品等特征鲜明的商品。

3. 第三磁石点：端架商品

第三磁石点的位置突出，适宜陈列刺激性强的商品。通常情况下可配置特价商品、高利润商品、促销商品等。

4. 第四磁石点：单项商品

第四磁石点指卖场副通道的两侧，这是个需要在长长的陈列线中能引起顾客注意的位置。这个位置可配置的商品有热销商品、特意大量陈列的商品和广告宣传商品，以引起顾客的注意，减轻顾客在购物过程中的厌烦心理。

5. 第五磁石点：卖场堆头

第五磁石点位于收银结算区前面的中间位置，为非固定卖场，可用于节假日促销活动，目的是烘托门店气氛，吸引顾客光顾。

磁石点理论基于顾客的消费心理，经实践证明是比较行之有效的，对超市商品陈列有较强的指导意义。

二、主题陈列法

主题陈列法也称专题陈列法，即结合某一事件或节日，集中陈列有关的系列商品，渲染气氛，营造一个特定的环境，以利于某类商品的销售。

主题陈列往往需要借助商店的展示橱窗或卖场内的特别展示区，应采用各种艺术手段、宣传手段、陈列器具，配以适当的灯光照明、色彩或音响效果等。如图 8－3 所示。

图 8－3　主题陈列

主题的选择有很多，如各种节日、庆典活动、重大事件等，都可以融入商品陈列中，营造一种特殊的气氛，吸引消费者注意。例如“六一”儿童节来临之际，可将各种儿童用品集中陈列在一个陈列台上，再加上鲜花等装饰品，渲染出一种活泼、热烈的氛围。

三、黄金段位陈列法

黄金段位，即货架上销售最理想的段位，是反映门店销售业绩的关键段位。目前超市普遍使用的陈列货架高度是 165cm ～180cm，在这种规格的货架上，最佳的陈列段位不是上段，而是处在上段和中段之间的段位。以高度为 165cm 的货架为例，可将商品陈列的货架划分为 4 个段位：

（1）上段，即货架的最上层，高度为 120cm～160cm。该段适合陈列一些推荐商品，或有意培养的商品，该商品到一定时间可移至下一层（即黄金陈列线）。

（2）黄金陈列线，高度一般为 85cm～120cm，它是货架的第二层，是人眼最易看到、手最易拿取商品的陈列位置，所以是最佳陈列位置。此位置一般用来陈列高利润商品、自有品牌商品、独家代理或经销的商品。

（3）中段，即货架的第三层，其高度为50cm～85cm。此位置一般用来陈列一些低利润商品，或者为了保证商品的齐全性，因顾客的需要而不得不卖的商品，以及一些原来放在货架上段和黄金陈列线上现已进入商品衰退期的商品。

（4）下段，是货架的最下层，高度一般在离地 10cm～50cm。这个位置通常陈列一些体积较大、重量较重、易碎、毛利较低，但周转相对较快的商品，以及一些消费者认定品牌的商品或消费弹性低的商品。

黄金段位陈列如图 8－4 所示。

图 8－4　黄金段位陈列

四、盘式陈列法

盘式陈列法，是指将包装纸箱上部 1/3 部分剪去，将纸箱底部作盘，然后以盘为单位堆积码放的陈列方法，如图 8－5 所示。这种方法不仅可以加快商品陈列的速度，而且在一定程度上能提示顾客可以整箱购买。有些盘式陈列，只在上面一层作盘式陈列，下面的商品不打开包装，以便于消费者整箱购买。这种陈列方法常用来陈列饮料、啤酒等商品。

图 8－5　盘式陈列

五、岛式陈列法

在卖场的入口处和中部不设置中央陈列架，而配置以特殊陈列用的展台，这种陈列方法就称为岛式陈列法，如图 8－6 所示。常见的岛式陈列法的用具有直径较大的网状货筐、货柜或平台，可以从四个方向看到陈列的商品，因此陈列的效果非常好。

由于岛式陈列的位置一般在卖场的入口处或中部，所以它的高度不宜过高，否则就会影响整个卖场的视线。采用岛式陈列法的商品应该是颜色鲜艳、包装精美的特价品、新产品，以充分发挥岛式陈列吸引视线的作用。

图 8－6　岛式陈列

六、端头陈列法

卖场中央陈列架的两头称为端头，货架端头是顾客流量最大、往返频率最高的地方，也是卖场里最能吸引顾客注意力的地方，因此端头是陈列商品的黄金地段。端头一般用来陈列要推荐给顾客的新商品、利润高的商品、特价品或品牌商品。端头陈列的商品，组合商品比单件商品更有吸引力，因此端头陈列应以组合式、关联性强的商品为主。如图 8－7 所示。

图 8－7　端头陈列

七、突出陈列法

图 8-8　突出陈列

突出陈列法也称为突出延伸陈列法，是指在卖场中央陈列架前面突出来的一部分上陈列特殊商品的方法，如图 8-8 所示。如在中央陈列架的前头做一个突出的台，并在其上面摆放商品，或将中央陈列架下层的搁板做成一个突出的板，然后将商品摆放在此板上。这种陈列方法有意强化所陈列商品的地位，可以大大提高陈列商品的销售量。

八、悬挂式陈列法

图 8-9　悬挂式陈列

悬挂式陈列法是指将扁平形、细长形等无立体感的商品悬挂起来的一种陈列方法，如图 8-9 所示。悬挂式陈列能使顾客从不同的角度来欣赏商品，具有化平淡为神奇的促销作用。有些商品由于物理性方面的限制，其外观平淡无奇，不足以打动消费者，运用悬挂式陈列可以增加其观赏性，加大了销售的可能性。

目前超市经营的许多商品包装上都带有挂孔，可用于悬挂陈列。如餐具、儿童玩具、日用小商品等。

九、比较陈列法

图 8-10　比较陈列

比较陈列法是指将同一品牌的产品，按不同规格、不同数量进行分类，然后陈列在一起，让顾客通过数量和价格方面的比较来选择购买的一种陈列方法，如图 8-10 所示。

比较陈列法是在同一种商品的不同规格之间进行比较，让消费者根据需要或感觉去选择，或求价廉，或求方便，从而达到促销的目的。例如，雪碧有 2.5 升、2 升、1.5 升、1 升、500 毫升等不同包装规格，规格不同，单位容量的价格也会有所不同。

十、量感陈列法

量感陈列一般是指商品陈列数量的多寡。商品陈列不仅强调商品的数量，而且注重陈列的技巧，从而使顾客在视觉上感到商品很多。例如：所要陈列的商品原本是 50 件，那么量感陈列要让顾客感觉不止 50 件。量感陈列一方面是指“商品实际上就很多”，另一方面则是指“商品看起来很多”。量感陈列一般适用于食品杂货，以丰满、价格低廉、易挑选等来吸引顾客，如图 8－11 所示。

图 8－11　量感陈列

量感陈列的具体手法很多，如店内吊篮、店内岛、壁面敞开、铺面、平台、售货车及整箱大量陈列等。其中整箱大量陈列是大中型超市常用的一种陈列方法，即在卖场辟出一个空间或拆除端架，将单一商品或 2～3 个种类的商品进行量感陈列。

量感陈列比较适宜在低价促销、季节性促销、节假日促销、新产品促销、媒体大力宣传、顾客大量购买等情况下使用。

案例评析

案例中的酒和酒瓶起子是完全不同的两类商品，但消费上密切相关。它们的根本区别在于，酒是快速消费品，消费者关注度高；酒瓶起子相对来说是耐用消费品，消费者不会经常购买。如果将酒瓶起子放在酒的旁边销售，就会让一些买酒的消费者顺便购买了酒瓶起子。

任务三　商品陈列技术、陈列技巧和陈列艺术

案例导入

容易引发冲动型购买的商品应该放在人流最密集的地方，消费者走到这类商品前面时，往往习惯性地就将这些商品放进了购物车，这类商品有饮料、面包等。而像剃须刀、收音机等商品，消费者购买的目的性非常强，完全可以放在比较冷清的角落里。

思考:

为什么进行商品陈列要研究消费者的购买习惯?

知识探究

一、商品陈列技术

商品陈列能否达到应有的效果，与商品陈列的技术和技巧有很大关系。有资料显示，80%的顾客的购买决定是在到达商店之后做出的。所以，越来越多的商家注重对商品陈列的分析，以提高商品的销售业绩。商品陈列技术主要有关联商品陈列、季节性商品陈列、相邻商品陈列等几种。

1. 关联商品陈列

关联商品陈列，是指将种类不同但效用方面有较强互补性的商品组合在一起的陈列方法。

消费上有关联的商品陈列在一起，能引起消费者的连带购买行为，有助于增加商品销售的机会。如香皂与香皂盒放在一起，皮鞋与鞋油放在一起，果酱与面包放在一起等。顾客在购买了A商品后，往往会购买旁边相关的B商品或C商品。

进行关联商品陈列时要注意：

（1）陈列的商品必须是互补商品，确保顾客产生连带购买行为。

（2）相关性商品应陈列在同一通道、同一方向、同一侧的不同组别的货架上，而不应陈列在同一通道两侧的货架上，其目的是使顾客在购买了A商品后，顺便也购买陈列在旁边的B商品或C商品。

2. 季节性商品陈列

对于季节性商品，应在季前做好销售准备，应了解往年同一季节商品销售状况、今年的流行趋势、顾客的潜在需要等，根据季节的变化改变陈列商品的项目。

（1）春季商品陈列。

在春季消费季节尚未到来之前，商店应走在季节变换的前面，及时将冬季商品撤换掉，将适合春季销售的商品摆上柜台，给人们一种已经进入早春的感觉。

春季商品陈列以暖色调为主，如黄色、粉红色等，透出一股春天般充满朝气的气息。

（2）夏季商品陈列。

在夏季尚未到来之前，就应将夏季商品备好。夏季气候炎热，陈列商品的背景应以蓝、紫、白等冷色调为主。夏季商品陈列要有一种清新、凉爽的感觉，最好将商品挂起来；夏季是饮料消费的高峰期，要特别注意布置冷饮类商品的陈列；夏季商品陈列，应避免商品大量堆积，陈列的空间尽量开阔、舒展，陈列的位置可以适当向外延展。

（3）秋季商品陈列。

秋季商品应在8月份开始陈列，夏季的时装以及夏凉用品都应撤下，摆上适合秋季消费的商品，陈列与售货位置应从室外移向室内。秋季天高气爽，是收获的季节，商品陈列应以秋天的色调作为主色调，衬托出金秋收获的气息。

（4）冬季商品陈列。

冬季气候寒冷，商店布置要使顾客感到温暖，背景以黑、蓝、红等深色调为主，突出应季商品销售，营造出一种温暖和谐的气息。

3. 相邻商品陈列

在零售业的商品经营中，一般来讲，同一区域经营同类或近似种类的商品，不同区域经营不同种类或类别的商品。一种商品附近应该摆放何种商品更有利于经营呢？从商品陈列品类管理角度来理解，应处理好以下几方面的关系：

（1）不同种商品能否放在一起经营。

以消费者的需要为依据划分商品类别，是现代经营思想的体现。对于一件商品，重要的不是经营者认为它属于哪一类，而是消费者认为它属于哪一类。消费者总是愿意从消费的角度来理解一种商品的类属，商业经营也要依据消费者对商品的评价来给商品归类。例如黄酒，南方人把它当作酒水，北方人则多数把它当作调料，黄酒究竟应该摆在哪儿经营，由消费者对商品类属的认知来决定。

（2）同种商品是否必须放在一起经营。

商品陈列的空间设计，必须考虑消费者的购物便利性。许多时候，经营者认为商品按品牌分类陈列最重要，而消费者则不一定这么想。如某消费者要购买电视机，他可能首先考虑的是规格，然后才是品牌或价格。商品陈列时，如果能把同规格不同品牌的电视机陈列在一起，可能会更方便消费者对商品的对比选择。因此，相邻商品陈列的搭配，应该优先考虑消费者对商品选择评价的优先顺序。

（3）品牌的重要性与所属品类的关系。

有些消费者特别重视品牌，对商品的其他属性则不是很关注，这时品牌的地位会凸显。比如一些财力雄厚的消费者对知名品牌情有独钟，普通消费者则更关心商品的实用价值，品牌则退其次。经营不同档次商品的商场应重视不同品牌的影响力，合理搭配相邻商品组合。

二、商品陈列技巧

在企业经营的实践中，人们总结出了许多商品陈列的技巧，根据人们获取信息的方式设计的商品陈列技巧主要有以下几种：

1. 根据人的注意特征陈列商品

一般来说，顾客进入商场后，眼睛会不由自主地首先转向左侧，然后转向右侧。这是因为多数人看东西是从左侧向右侧的，即印象性地看左边的东西，安定性地看右边的东西。我们要利用这种人体生理习惯，将引人注目的商品摆放在商场通道的左侧，以此吸引顾客的目光，充分发挥商场左侧方位的作用，促进商品销售。

2. 根据人的记忆特征陈列商品

从记忆的角度来讲，人们容易记住相对不变的事物，而忘却变化不定的事物。根据人的这一记忆规律，陈列商品时，在一定时间内保持位置相对固定，有助于顾客选购，提高顾客购物效率。但长时间位置固定不变，也容易使顾客失去对其他商品的注意，使顾客购物变得单调。所以，在商品摆放一段时间后，应适当调整货架上陈列商品的位置。

3. **售货与交款之间拉开距离**

一些大型商场往往采取柜台售货、收款台统一交款的方法，超市则是顾客自选商品、收银处统一结算，这样不仅方便购物与结算，而且有更深层的意义。比如人们在商场最终购买的商品总比原来计划购买的要多，这是商场功能结构布局设计的缘故。许多商场设计长长的购物通道，避免顾客走捷径到收款处和出口，这样顾客就会延长在商场内逗留、购物的时间，再配以刺激性较强的商品陈列，商场自然也就可以多销售商品了。

三、商品陈列艺术

除了应用一定的技术方法外，适宜的艺术表现手法也会为陈列商品增辉添彩，吸引顾客的注意，唤起顾客的购买欲望。超市或商场商品陈列的艺术表现形式多种多样，主要有以下几大类：

1. **表达陈列目的的艺术**

（1）表现“廉价”的陈列艺术。

利用活动推车、活动平台做堆积陈列，可以充分呈现“廉价”的营销效果。

（2）表现“高级感”的陈列艺术。

利用比商品格调高的陈列道具，配合适当的色彩，可以表现高级品的定位。

（3）表现“丰富感”的陈列艺术。

在卖场商品数量不足时可以用空盒子作表面功夫，设法使陈列看起来很多，或者利用POP广告，表现出丰富感。

（4）表现“稳重气息”的陈列艺术。

把销售的商品摆放得整齐规范、井然有序，会体现出一种稳重的气息。如超市把水果堆积成各种造型。

（5）表现“快乐性”的陈列艺术。

利用色彩、动态等表现手法效果最佳。如商品鲜艳色彩的配置，利用POP广告等。

2. **表达陈列背景色彩的艺术**

商场的背景色彩不仅影响消费者的心理，而且影响商品的表现力。设计陈列商品背景色彩时，应注意以下几个问题：

（1）不要太醒目。

背景的色彩若比主角商品醒目，商品就会变得很不显眼。所以陈列商品背景的色彩明亮度和鲜艳度都要比商品低。

（2）不使用补色。

背景的颜色与商品的色彩成补色时，双方的色彩各有“主张”而成为强烈的刺激，因此一般不要使用补色。

（3）选择同系色调。

为了明确地显示商品的色彩，使用与商品同一色系且明度较低的色彩较为适宜。

（4）选择冷色调。

在商品色彩多样的情况下，一般选择低明度、低色彩的冷色为背景。

3. 陈列装饰及配色手法

（1）明度顺序与色相（色调）顺序配色。

若某商品群只有白、灰、黑等色时，依照白、灰、黑的明度顺序排列为好；有色彩的商品，依照色相环的顺序从红色开始排列看起来较具美感。

（2）同色配色。

同色配色不依色相环的顺序陈列，而是仅以某一种颜色为中心，汇集同色系的商品进行配色陈列。这种配色陈列方法，会对喜欢该颜色的顾客产生相当大的吸引力，但是如果仅用相同颜色会显得太单调。如果选择其中一两项商品的对照色来陈列，便会产生变化的效果。

（3）类色的配色。

即色相环上相近的颜色配色。同色配色因色相一致而缺乏变化感，类色配色会对同色配色的色彩效果有所改善，但因色相相似，仍然缺乏色彩的表现效果。

（4）类似色的配色。

即色相环上跳 1 格的颜色配色。如“红与黄”“青与紫”等类似色的组合，这是一种比较均衡的配色。如果在类似色中间插入类色，如“红、橙、黄”等，会使人感觉到色彩的过渡性变化。

（5）异色的配色。

即色相环上跳 2 格的颜色配色。这种配色能使人感到自然，是容易接受的色彩组合。如“红、黄绿、蓝”或“橙、绿、紫蓝”等 3 色组合。

（6）补色的配色。

即色相环上相对位置上的色彩。补色因色差大，互相强调各自的“主张”，因此给人一种色相对比强烈而明快的感觉。如“红与青绿”的配色能让人感受到热带的热情；“橙与蓝”的补色能给予人男性化的感受；“黄与紫蓝”的配色给人以明朗的感觉。

（7）准补色的配色。

“红与绿”“蓝与黄”等，是补色前面的“准备色”，其配色成为非常华丽的组合。

（8）无色彩和有色彩的配色。

这种色彩组合最好是以“明度”为中心来进行配色。因此，明度差距越大，越能产生强烈对比的感受。

（9）象征季节的色彩。

一年四季，人们对色彩的感觉不同。色彩能反映时令的变化，色彩能引领人们进入不同的季节。色彩的季节表现如下：

春天的色彩充满朝气，明朗活泼；夏天的色彩充满活力，炽烈涤荡；秋天的色彩充满和谐，饱满丰厚；冬天的色彩充满深沉，稀薄透明。

根据人与自然和谐平衡的观点，按一年四季来划分，由此产生了四个季节色彩类型：

春季型，以黄色为主色调，比属于同一基色的秋季型更淡浅明亮；秋季型，以红色为主色调，比属于同一基色的春季型更浓深；夏季型，以蓝色为主色调，比属于同一基色的冬季型更清浅柔和；冬季型，以黑色为主色调，比属于同一基色的夏季型更明晰冷硬。

四季色彩的表现见表 8－2。

表 8-2 四季色彩的表现

季节	颜色	联想	色彩效果
春	黄绿、粉红、淡黄	花草、嫩叶	寒冷的冬天过去了，明媚的春天到来了。融柔和与妩媚的感觉来表现较好，最好用明亮、柔和的色彩
夏	蓝、水蓝、绿	海洋、天空、草原	对比强烈的配色比较符合这个季节。可以用调和明度、彩度皆高的色彩，以冷色系为主
秋	黄、米黄	丰收、枯草、土地	丰收的季节，运用稳重、丰富的色彩较好
冬	红、白、灰	枯枝、白雪	因为季节寒冷，所以用暖色较好

案例评析

消费者购买行为看上去杂乱无章，但仔细观察就会发现很多购买行为是有规律的，只要认真分析研究就不难发现其中的奥秘。根据消费者的购买习惯，将不同商品分别放在不同的位置上进行陈列，会取得较好的经营效果。

答疑解惑

通过本项目的学习，我们了解了学习、掌握商品陈列知识的重要性。商品陈列是企业经营管理的重要组成部分，良好的商品陈列对改善企业的经营管理，提升企业的外在形象，促进商品销售，更好地服务于消费者都有重要意义。

项目小结

商品陈列，是指运用一定技术方法和技巧，借助一定的设备或道具，将商品进行合理摆放、展示，以达到方便顾客购买、提高销售效率目的的一项经营管理工作。

商品陈列时所遵循的基本原则主要有分类明确原则、清晰醒目原则、显而易见原则、易于取放原则、丰满陈列原则、关联陈列原则等。

商品陈列有并列陈列与单独陈列、纵向陈列与横向陈列、廉价陈列与高档陈列等基本类型。

商场常见的商品陈列方法主要有：磁石点陈列法、主题陈列法、黄金段位陈列法、盘式陈列法、岛式陈列法、端头陈列法、突出陈列法、悬挂式陈列法、比较陈列法、量感陈列法等。

商品陈列技巧主要有：根据人的注意特征陈列商品，根据人的记忆特征陈列商品，售货与交款之间拉开距离，等等。

实训练习

一、基础训练

(一) 判断题（正确的打“√”，错误的打“×”）

1. 商品陈列就是商店销售商品时将商品堆放在一起。(　　)
2. 关联陈列指的是将具有关联性的一组商品搭配在一起陈列。(　　)
3. 磁石点指的是顾客注意的点。(　　)
4. 第三磁石点位于超市中央陈列货架两头位置。(　　)
5. 在廉价商品经营中，用堆积陈列法比整齐陈列法的经营效果要好。(　　)
6. 在相邻商品陈列中，不同种商品不能放在一起经营。(　　)

(二) 单项选择题（请将你认为最合适的选项代号填入括号中）

1. 第一磁石点位于(　　)。

A. 主通道的内侧　　B. 主通道的外侧
C. 主通道的两侧　　D. 靠近收银台的位置

2. 商品陈列磁石点理论认为，商场或超市的陈列磁石点有(　　)。

A. 3 个　　B. 4 个
C. 5 个　　D. 6 个

3. 关联商品陈列中的关联商品指的是(　　)。

A. 替代商品　　B. 互补商品
C. 同种商品　　D. 互斥商品

4. 对比强烈的配色比较符合于(　　)。

A. 春季商品陈列　　B. 夏季商品陈列
C. 秋季商品陈列　　D. 冬季商品陈列

(三) 多项选择题（选择两个或两个以上的选项代号填入括号中）

1. 商品陈列的主要作用有(　　)。

A. 展示商品　　B. 刺激销售，方便购买
C. 提高店面感官效果　　D. 美化购物环境

2. 下列选项中，属于商品陈列类型的是(　　)。

A. 复合陈列　　B. 单项陈列
C. 纵向陈列　　D. 横向陈列

3. 商场或超市第一磁石点适宜配置(　　)。

A. 主力商品　　B. 购买频率高的商品
C. 优质名牌商品　　D. 招牌商品

4. 第三磁石点(　　)。

A. 指第三个最好的卖点
B. 位于超市中央陈列货架两头位置
C. 环绕卖场周围的边线位置

D. 适宜配置特价商品、高利润商品、厂家促销商品

5. 关联商品陈列技术的要点是(　　)。

A. 陈列的商品必须是互补商品

B. 应该陈列在同一通道、同一方向、同一侧的不同组别的货架上

C. 不应陈列在同一通道两侧的货架上

D. 不可在同一货架上陈列

6. 下列选项中，属于商品陈列技巧的是(　　)。

A. 根据人的注意特征陈列商品　　B. 根据人的记忆特征陈列商品

C. 根据人的想象陈列商品　　D. 根据人的行为习惯陈列商品

二、拓展训练

任务：到超市、商场进行实地考察，观察各类商品陈列的技术、方法和技巧。

要求：对不同企业商品陈列方法进行对比分析，找出存在的问题与不足。

目的：认识商品陈列与企业经营管理的关系。

训练方式：小组集体走访调查。

项目九 商品销售管理

问题引入

商业企业在组织商品流通过程中，会遇到一些现实的问题，比如满足消费者需要与实现企业自身的生存与发展目标的矛盾。这就要求企业管理者认真研究并掌握消费者需求变化的规律，及时调整企业营销策略，在满足消费者需求的基础上追求企业自身的利益。

科学地组织商品流通，努力做好商品销售管理工作，可以有效地解决商品流通过程中的一系列矛盾和问题。

任务导读

本项目比较系统地介绍了商品促销、新商品引进和滞销品管理等有关商品销售管理的基本理论问题。学习、掌握本项目的理论知识，对做好销售工作具有较强的现实意义。

学习目标

- 了解促销的含义及促销管理基本常识
- 了解新商品引进管理的基本常识
- 了解滞销品管理的基本常识
- 通过理论学习、实训练习，加深对商品销售管理理论知识的认识和理解

任务一　商品促销

案例导入

春节促销的消费者分析

春节是商品销售高峰，融岁末促销、新年促销于一体。一方面，冬季服装、珠宝首饰、家电等当季商品会热销；另一方面，年货商品的销售也会迎来高峰。除了要围绕既定目标顾客群体进行促销外，还需要针对会员、单位团购、家庭等开展特别的促销活动。在开展各种商品促销活动的同时，还需要通过文化活动来吸引人气、营造新年氛围。此外，也可以举办一些公益活动来提升商场形象。

思考:

促销如何抓住消费者的心理?

知识探究

在重大节假日、换季之际，以及重大事件、企业的特殊纪念日等，都可以看到企业开展的各种各样的促销活动。促销已经成为企业商品销售活动中经常使用的一项营销策略。据统计，零售业在促销上所花费的费用已经达到销售额的15%左右。然而，并不是所有的促销活动都能给促销者带来利润的增加。低效率的促销已经成为商家需要解决的一个营销问题。经营者需要掌握一定的促销方法和技巧，以求通过促销给企业带来新的利润。

一、什么是促销

促销即促进销售，是指企业利用各种有效的方法和手段，促使消费者注意企业的产品，激发消费者的购买欲望，达到扩大企业产品销售、增加企业利润目的的一系列营销行为。

采用促销手段，短期内会产生轰动效应，但长时间采用会使促销效果明显下降，甚至产生负面作用。对零售企业来说，要达到长期稳定多销增收的目的，需要寻找更加有效的办法。

二、促销的类型

品类促销在传统促销理论的基础上，融入了品类管理的思想，使促销过程更具有稳定性，促销效果更具长期性。品类促销在优化促销方面有三个突破：

（1）从品类优化的角度选择促销商品；

（2）从货架优化的角度选择促销终端；

（3）从促销优化的角度提高销售效率。

品类促销的促销媒体选择同传统促销一样，也可以利用广播、电视、报刊、海报、网络等信息传播媒体；其促销形式也与传统促销形式基本一致，所不同的是把品类管理的思想融入传统促销方法中。商场或超市品类促销与传统的常规促销一样，要创造出促销的轰动效应，也应寻找有利的促销时机，选择一定的促销模型并借势促销。常见的促销类型如图 9－1 所示。

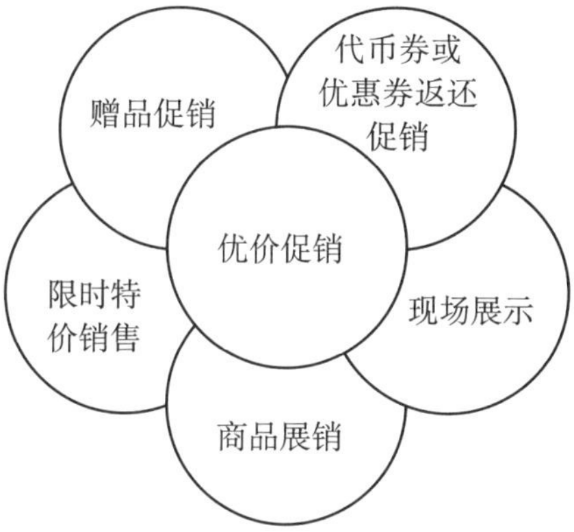

图 9－1　常见的促销类型

1. 优价促销

优价促销，就是将商品以低于正常销售的价格出售。优价促销因为形式简单、刺激性强、效果显著，因此成为超市或商场中应用最广的促销方式。常用的优价促销形式如图 9－2所示。

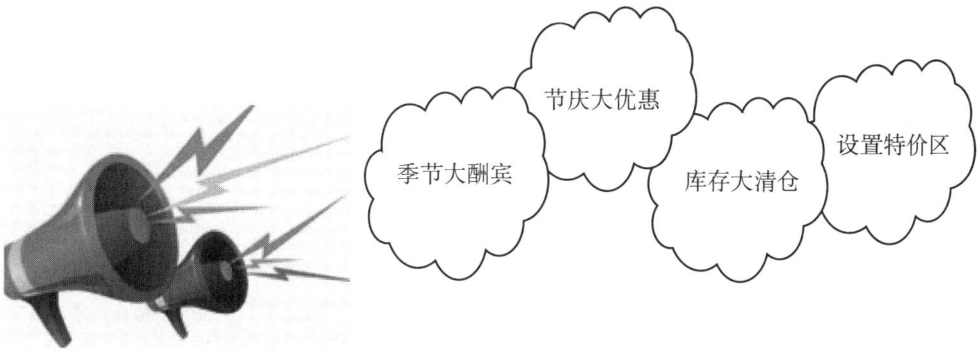

图 9－2　常用的优价促销形式

(1) 季节大酬宾。

消费季节来临之际，是商场或超市应季促销的大好时机，应季商品促销可以大幅增加商品销售额。季末则要低价处理即将过季的商品，避免因积压造成的企业资金周转困难。

(2) 节庆大优惠。

超市或商场在新店开业、年节假日、店庆等重大纪念日，以节庆酬宾的方式，将店内部分或全部商品以较大幅度打折销售，吸引大量顾客来店购物，营造隆重热烈的节日气氛，促销效果十分突出。

(3) 库存大清仓

对于过季商品、库存积压过多的商品以及进入衰退期的滞销商品等，往往以大降价的方式清仓大促销，以减轻企业库存负担。

(4) 设置特价区。

在商场或超市内设置一定的区域，专门用于陈列和销售特价商品，对顾客特别是老顾客有很大的吸引力。特价商品通常是应季大量销售的商品、存货过多的商品、临近保质期的商品或外包装有所损伤但内装物无损的商品。

需要特别注意的是，商场或超市在任何时候都不能卖损坏或变质商品、超保质期商品以及假冒伪劣商品，否则会引起消费者的反感，甚至受到消费者的投诉，轻则有损于企业的形象，重则给企业生存带来危机。

2. 限时特价销售

限时特价销售，是指在某一段时间，部分商品以一个特别的价格销售。所选择的特价商品，一般是顾客日常必需的畅销品。特价商品的价格一般要比正常的价格便宜10%以上，否则对市场的刺激有限，达不到促销的目的。选择限时特价商品时，应把握以下几项标准：

(1) 选择销售排行前20%的畅销商品。这类商品在做限时特价销售时，对顾客有较大的吸引力，能够销售出更多的商品，达到促销的目的。

(2) 选择销售排行前20%的商品的同类商品。此类商品是有潜力进入销售排行20%的商品，其品质优良、价格适宜，一经促销会很容易进入销售排行的前20%。

(3) 选择毛利率高过同类商品平均毛利率水平的商品，因为这类商品的降价空间较大，有潜力降价促销。

(4) 不可选择品质有问题的商品做促销品，否则会带来不良影响。

3. 赠品促销

赠品促销有附赠品促销和赠品派送等形式。

(1) 附赠品促销，是在所销售的商品上捆绑一件其他商品，而原商品价格不变的促销方式。这种促销方式会给顾客一个额外的惊喜，即使无意购买促销商品，也会因受到额外利益的刺激而选择促销商品。有时，商家还用“买一赠一”的方式推出一定数量的促销商品，或者将消费上有联系的商品捆绑在一起销售，均能起到较好的促销作用。

（2）赠品派送，是购买商家指定的商品，或者购物总金额达到一定数额时，可以凭购物小票到服务台领取一份赠品的促销方式。这种促销方式方便灵活，促销效果显著，但赠品比较单一，对那些对赠品需求不强烈的消费者的刺激作用有限。

4. 代币券或优惠券返还促销

代币券或优惠券返还促销简称返还促销，是指为激发消费者购买商品或消费某项服务的积极性，在消费者购买或消费时，将现金代用券或优惠券返还给消费者，以此刺激消费者连续重复购买的促销方式。

返还促销的形式一般是商场或超市在节假日促销期间，在顾客一次性购物达到规定金额时，顾客凭购物小票到服务台领取一定金额的购物代币券或购物优惠券，可以在规定的时间内用代币券或优惠券购物或消费。

返还促销多出现在特定节假日期间的大型促销活动中，如“十一”黄金周大促销、春节大促销等。

5. 现场展示

现场展示，是针对一些新上市的商品或顾客不了解的商品，为了让顾客能更直观地认识和了解商品的性能、特点、使用方法或口味等，由促销人员在销售现场进行商品的功能演示操作，或让消费者试用、品尝的促销活动。

现场展示方式灵活，针对性强，促销效果显著。促销人员通过语言、动作等说明、演示商品的功能、特点、使用方法等，展示商品的优秀之处，会直接刺激消费者的购买欲望，达到说服消费者购买的促销目的。

6. 商品展销

商品展销，是商场或超市在店内组织商品集中展览陈列，营造一种隆重热烈的销售氛围，以广泛吸引顾客前来购买的促销方式。

商品展销一般安排在消费旺季、节假日等时间进行。展销会往往以展销的商品种类或展销的时令命名，如××商场夏凉商品特卖会、迎“十一”××应季服装展销等。商品展销一般可以持续一周以上，促销气氛热烈，促销效果显著。

商品展销气氛热烈而隆重，商品销售量较平日大幅增加，因此展销前应做好充足的货源储备，避免展销商品出现缺货断档的情况而影响展销效果。

除上述促销方式外，还有一些促销方式适合零售企业的促销活动，如集点赠送、免费试用、廉价包装、以旧换新、抽奖活动等。

三、促销商品的选择

选择促销商品的目的，是通过促销商品所具备的优势引起消费者的注意，激发消费者的购买欲望，促进商品销售。因此，应根据不同时段的促销主题、促销目的，选择合适的促销商品群。

从消费者的需求出发，为使促销商品产生足够大的吸引力，商品促销时主要选择以下几类商品作为促销商品，如图 9－3 所示。

图 9－3　适宜促销的商品群

1. 节令性商品

节令性商品即季节性消费品，是季节促销的首选商品。选择节令性商品作为促销商品，可以充分调动消费者购买节令性商品的欲望，同时可以带动非节令性商品的销售，实现较大幅度增销增收的促销目的。

节令性促销商品选择的依据是节日商品需求和季节消费需求。消费者在消费季节对节令性商品选择的目的性较强，故促销商品的选择必须把握住节令性消费的特点，选择有利时机推出节令性商品开展促销。

2. 敏感性商品

敏感性商品是消费者比较熟悉、对价格敏感的生活必需品。这类商品市场价格变动比较频繁，而且稍有变动消费者就会感受到，如鸡蛋、肉类、粮食等。

敏感性商品是消费者重点关注的商品，而且价格的变动对消费者的刺激性较强，因此，在选择敏感性商品作为促销商品时，将价格定位于稍微低于市面价格，就能有效地吸引消费者前来购物。

3. 众知性商品

众知性商品，是指知名度较高、市面上随处可见、替代性强的商品。如化妆品、保健品、啤酒、饮料、儿童食品等。选择此类商品作为促销商品，往往可以得到供应商的大力支持。

4. 特殊性商品

特殊性商品，一般是指超市自行开发、使用自有品牌、市面上没有比较对象的商品。这类商品的促销，主要应体现在商品的特殊性上，因此商品定价不宜太低，以维护企业形象。但定价时要注意商品价格与品质的一致性，以免引起消费者的反感。

5. 新商品

新商品，即新上市的商品。因为这类商品刚刚推向市场，消费者还不了解，所以应该争取供应商的促销支持，以便尽快打开市场。

6. 库存较大的商品

库存较大的商品，往往指销售一般而存货较多的商品。这类商品会增加企业商品库存成本，占压较多的企业流动资金，因此需要通过促销来消解过重的库存负担。

促销的目的是多销增收。因此，对促销商品的选择应把握好以下几个要点：一是选择的商品符合企业促销目标；二是选择的商品对消费者有足够的吸引力；三是选择的商品应有足够的毛利空间，或者与其组合搭配促销的商品有较好的获利空间；四是促销商品要有足够的库存，以保持持续促销效果。

四、促销时机的选择

促销是非常规销售，为达到良好的促销效果，应选择恰当的促销时机。促销时机的选择，应把握好以下几个要点：

1. 根据商品本身的消费时间或销售规律选择促销时机

许多商品的消费淡旺季区别明显，如空调、电扇、饮料、服装等，淡旺季需求的巨大反差，要求生产和销售这类产品的企业按照消费的规律来组织生产和销售。消费旺季自然是选择季节消费品促销的最好时机，但也有例外的情况，如春茶上市时并不是消费茶叶的最好时机，但这时是茶叶最具吸引力的时机，也是茶叶最好的促销时机。

2. 节庆假日是最有利的促销时机

许多商品具有节日消费的特点，借助传统节庆假日，如中秋节、国庆节、春节等，大造节日消费声势，销售效果十分突出。近年来，随着对外开放和西方文化渗透的影响，国外一些节日如圣诞节等，也对我国消费者的消费观念产生了一定的影响。企业应重视对这种传统文化和外来文化消费的挖掘，创造更多的节庆促销机会。

3. 企业纪念日是制造声势、树立企业形象的促销好时机

企业重大纪念日对消费者无关紧要，但对企业来说则是有利促销时机。企业开业周年店庆、企业推出新产品或获重大奖项等都值得庆祝一番。企业纪念日促销活动的目的不在于提升当期销售利润，而在于制造声势，宣传企业，树立企业形象，促进企业长期发展。

案例评析

促销信息作用于消费者，消费者会对促销活动从经济、情感、信息等方面做出有利与否的评估。当消费者感受到具体利益时，促销就开始对消费者的心理产生影响。当消费者将一个产品可感知的利益与他的期望价位相比较后，产生此商品超值的感受时，他就会采取购买行动。所以，促销活动通过改变消费者的态度进而改变消费者的行为。对于一个处于购买阶段的消费者来说，促销活动会对其行为产生明显的相关影响。

任务二　新商品引进管理

案例导入

蒙牛酸酸乳的消费者拉动

2004年蒙牛推出了一款新产品——蒙牛酸酸乳，并完成了在个别市场的铺货。“超级女声”活动的启动，让蒙牛酸酸乳在个别市场的推广非常成功。

2005年，蒙牛复制了2004年的成功经验，迅速地将产品铺到了全国市场，同时借助“超级女声”活动，利用邮件、短信、电话、报纸等一切能够利用的媒体，调动全社会参与，并在“超级女声”投票活动中设置了门槛，即所有投票者至少要买一瓶蒙牛酸酸乳，输入瓶上的代码才能进行投票。通过“超级女声”活动的拉动，2005年蒙牛酸酸乳销售额达到30多亿元。

思考:

蒙牛酸酸乳为什么能迅速在全国推广成功?

知识探究

随着社会的进步与发展，产品更新换代的速度越来越快，企业也需要不断引进新商品，以适应不断变化的市场需求。

一、什么是新商品

对新商品的理解（本文中的新产品系指新商品)，站在不同的角度，有不同的解释。

1. 科学技术领域对新产品的解释

新产品是指利用新技术，采用新工艺、新方法，开发设计制造出来的前所未有的产品。这一概念的核心是产品的创新性，即前所未有。

2. 市场营销理论的解释

市场营销理论认为，只要整体产品中任何一部分的创新和改进，使产品有了新功能、新特点、新结构，或增加了新品种、新服务，能满足消费者的新需求，都可以视为新产品。这个定义较前一个定义的范围扩展了许多，但仍然是从侧重于生产领域制造产品的角度来认识的。

3. **品类管理理论的解释**

品类管理立足于从消费者的立场来评价和认识新产品的内涵，对流通领域来说，从这个角度给新产品作定义更富有实际意义。因为一般消费者会认为，第一次见到或者第一次购买的商品都是新商品。对于经营者来说，某商品已经面市，但在本店是第一次经营，也应该算作新商品。基于这样的认识，品类管理给新商品的定义是：新商品是指零售企业第一次经营，且在该店大部分顾客也是第一次接触的商品。

二、新商品的分类

新商品的分类如图 9－4 所示。

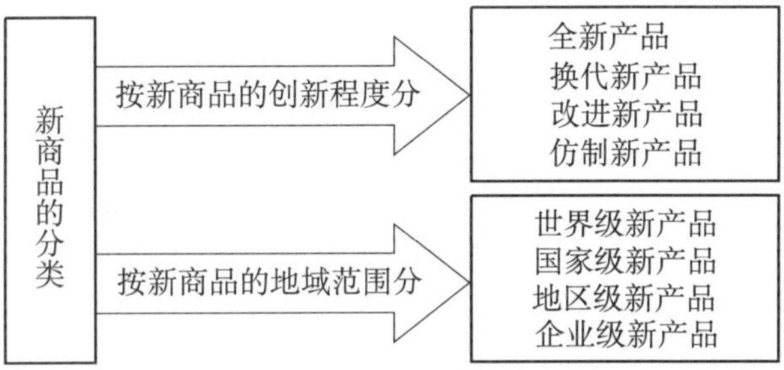

图 9－4　新商品的分类

1. **按新商品的创新程度分**

按新商品的创新程度，可将新商品分为全新产品、换代新产品、改进新产品和仿制新产品。

（1）全新产品。

全新产品，是指应用新技术研制、设计、制造出来的前所未有的全新型产品。全新产品往往代表了科学技术发展史上的新突破，如汽车、电视机、计算机。

（2）换代新产品。

换代新产品，是指采用新技术、新材料、新工艺，对原有产品进行革新而生产出的功能、性能有显著提高的新产品。如黑白电视机升级为彩色电视机、将普通荧光屏升级为液晶显示屏等均属于换代新产品。与全新产品比较，换代新产品的开发研制周期、成本要小得多。

（3）改进新产品。

改进新产品，是指对原有产品在质量、性能、结构、花色、规格、包装等方面做出改进而制造出来的新产品。如将普通牙膏改进为药物牙膏、将普通洗衣粉改进为加香洗衣粉等。与换代新产品比较，改进新产品受技术限制较小，改进的成本也较低，易于市场推广。

（4）仿制新产品。

仿制新产品，是指对国际或国内市场上已经出现的产品进行引进或模仿、研制生产出来的产品。目前市场上大部分产品都属于这类产品，如新品牌的电冰箱、化妆品等。开发这种产品不需要太多的资金、技术，因此比改进新产品要更容易。

2. 按新商品的地域范围划分

按新商品的地域范围特征，可将新产品分为世界级新产品、国家级新产品、地区级新产品、企业级新产品。

（1）世界级新产品。

世界级新产品，是指在世界上首次出现的产品。世界级新产品具有世界领先的地位，代表世界科技新水平。

（2）国家级新产品。

国家级新产品，是指在国外已有生产和销售，而在本国还是第一次生产和销售的产品。国家级新产品具有国内领先的地位，反映一个国家在该领域的科技水平。

（3）地区级新产品。

地区级新产品，是指国内其他省区已经生产并投放市场，但在本省或本地区是第一次生产和销售的新产品。

（4）企业级新产品。

企业级新产品，是指其他企业已经生产和销售，但本企业是初次生产和销售的同类产品。企业级新产品是企业实力的反映，对确立企业市场地位、维护企业形象有重要意义。

三、产品生命周期与市场表现

1. 产品生命周期的概念

产品生命周期，是指产品的市场寿命，即一种新产品从开始进入市场到被市场淘汰的整个过程。产品生命周期分为四个阶段，即引入期、成长期、成熟期和衰退期。产品生命周期曲线如图 9－5 所示。

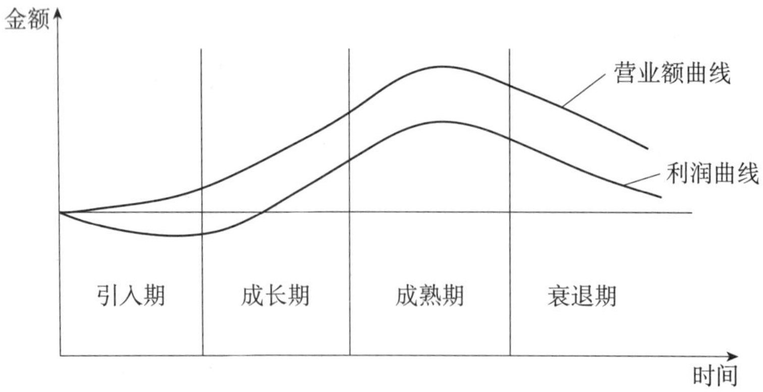

图 9－5　产品生命周期曲线

产品生命周期是产品的经济寿命而不是自然寿命，即在市场上可销售的时间。产品的自然寿命是指产品的使用寿命，即具体产品的实体从开始使用消耗到废弃为止所经历的时间。

2. 产品生命周期不同阶段的市场表现

产品生命周期不同阶段的市场表现见表 9－1。

表 9－1　产品生命周期不同阶段的市场表现

	引入期	成长期	成熟期	衰退期
销售量（额）	低	迅速增长	最高	衰减
成本	高	降低	最低	回升
价格	高	回落	稳定	不确定
利润	亏损	增长	最高	下降
顾客	新使用者	早期使用者	中期大众使用者	落伍者
竞争状况	微弱	渐增	激烈	减少

（1）引入期市场表现。

当新产品进入市场时便进入引入期。此时顾客对产品还不了解，只有少数追求新奇的顾客购买，销售量很低。此时产品生产批量小，制造成本高，销售增长缓慢，企业处于无利或亏本状态。

（2）成长期市场表现。

产品进入引入期后逐渐打开市场，当销售量开始迅速增长时，便进入成长期。在成长期，购买者迅速增多，产品销售量迅速扩大，生产成本大幅下降，利润迅速增长，此时竞争者介入，价格随之下降。

（3）成熟期市场表现。

成长期后期，随着竞争的加剧，销售量和利润增速放缓，逐渐靠近峰值。此时产品已经进入成熟期。成熟期产品销售量和利润增速缓慢或已开始下降，市场竞争激烈，产品成本处于低位，市场价格稳中有降。

（4）衰退期市场表现。

随着科技的发展，新产品和替代品的出现，使消费者的消费习惯发生改变，原来产品的销售量和利润持续下降，产品进入了衰退期。在衰退期，由于需求迅速减少，企业产品销售困难，利润减少甚至亏损，企业陆续停止生产，直至完全退出市场，该产品的市场生命周期结束。

四、新商品引进管理

在一种产品的生命周期中，处于引入期的产品属于新产品，应遵循产品市场引入期的运行规律进行管理。

1. 新商品引进时机分析

零售商引进新商品与产品生命周期中引入期新产品的含义不完全相同。产品生命周期中引入期的新产品，是企业开发生产的新产品，对具体的零售商而言，是否经营并不确定。在零售商看来属于新产品的产品，对制造企业来说，是否属于新产品也不确定。因此，零售商所经营的新商品有两种情况：

（1）产品被零售商引入时处于该产品的市场引入期，此时市场处于开发阶段，零售商引入该产品存在一定的市场风险，但市场开发一旦成功，将会有较大的市场优势。

(2) 零售商引入的新产品若处于产品生命周期除引入期之外的其他阶段，对市场来说不属于新商品，但具体引入的零售商如果没有经营过，对零售商来说仍然属于新商品。此时就会出现新商品的概念与该产品生命周期中引入阶段的新产品概念不一致的情况。这时零售商引入新商品的风险虽然较低，但是由于竞争的存在，没有占有市场的优势。

2. 新商品引进的原则

(1) 拟引进的新商品应有较好的市场发展前景。

一种新商品是否应该引进，首先要看这种新商品是否有市场开发的价值，也就是要有较好的市场发展前景，这是一种新商品是否应该引进的首要原则。

(2) 引进的新商品应符合消费者的需求。

引进没有需求的新商品不会产生经济效益，对经营企业来说没有开发的必要。

(3) 符合品类管理原则。

新商品引进本身就是品类策略的一部分，在引进新商品时要考虑品类组合策略。例如，位于商业中心的高档百货商场，引进新商品时要考虑新商品的品牌定位、价格定位、市场形象等是否与商场的形象相符，是否能与其他关联商品形成高效的品类组合。

3. 引进新商品应考虑的因素

零售企业在引进新商品时应考虑以下几项因素：

(1) 引进的新商品是否与现有品类相冲突。

如果引进的新商品在产品类别、功能等方面与现在的品类存在同质性或相似性，就会影响现存品类商品的销售。因为引进新商品，对于消费者来说，同类品种的增加可以增加选择的余地，但并不能促使消费者多买商品；对于商家来说，新增的商品类别会挤占同类商品的市场份额，并没有创造新市场，对商场经营不会产生促进作用。

(2) 引进的新商品价格是否可以弥补现有的价格带。

如果新商品价格与现有商品的价格带存在冲突，则对增加商品销售的意义不大；如果新商品价格处于原有商品价格带的空白处，则能有效地完善商品价格带，有利于促进商品销售。

(3) 引进的新商品是否会带来额外收益。

引进新商品的目的是能够增加商品销售，给企业带来新的利益增长点。如果引进的新商品不能或者给企业带来的新增利益有限，则没有必要引进。

(4) 引进的新商品是否能够带动整个品类商品销售。

一种新商品的引进如果能够带动整个品类商品销售，则有利于扩大整个品类集团商品的销售，增加营业收入，应积极引进。

(5) 引进的新商品是否与同类商品有差异性。

如果引进的新商品与同类商品有差异，则会分别占据自己的市场位置，有利于扩大同类商品的销售，反之则应慎重考虑是否引进。

4. 新商品评估

新商品评估，即对新商品可否引进进行评价。新商品评估的内容主要有以下几点：

(1) 新商品品类特点判定。

通过对新商品品类特点进行判定，看其是否具备品类经营的优势。具体见表9-2。

表 9－2 **品类特点判定**

品类特点	特点描述	举例
品类角色	品类角色，即引进商品的品类归属。如目标性品类、常规性品类、季节性品类、便利性品类。品类角色不同，会带来商品定位和商品组合不同	儿童玩具属儿童用品类，一般零售卖场陈列不足，可归入同一类别共同陈列；在儿童用品商场则应分类陈列
品类规模	品类规模，即品类的市场容量，是品类目前的数量及品类占据的货架空间	某化妆品品牌商品陈列过多，虽占用较多的陈列空间，但却不能带来市场的扩大，导致企业总体效益受影响
品类差异化	品类差异化，即新商品迎合目标人群的特性	海尔电器的高价格体现产品的高品质，与其他同类家用电器相区别
品类策略	品类策略，即依据新商品的特点来制定品类商品的差异化营销策略	年青一代流行新奇特服装，商家注重服装流行的新趋势，及时引进流行时装

（2）新商品特点判定。

市场上会不断产生符合零售企业品类要求的新商品，评估新商品时应考虑新商品的特点因素。新商品特点判定见表 9－3。

表 9－3 **新商品特点判定**

新商品特点要素	要素说明
商品的功能	面对不同目标人群所设计的功能特点，商品能给消费者带来什么
性价比	商品在现有性能的基础上，消费者能否接受其价格
消费者测试	消费者对商品的试用感觉如何，能否接受该商品
盈利能力	商品是否具有足够的利润空间
销售潜力	对该品牌类似商品的销售记录及市场美誉度进行分析，测试其销售潜力

5. 新商品引进流程

（1）制订新商品年度引进计划。

新商品年度引进计划作业流程如图 9－6 所示。

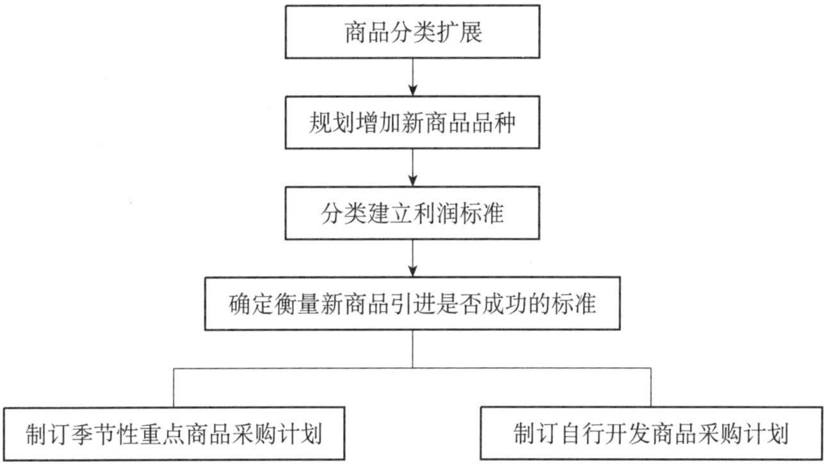

图 9－6 新商品年度引进计划作业流程图

新商品年度引进计划指标说明见表 9－4。

表 9－4　新商品年度引进计划指标说明

引进计划指标	指标说明
商品分类扩展	根据市场商品需求的变化，制订年度经营商品类别调整计划，新增商品类别
规划增加新商品品种	在确定增加商品类别的基础上，确定年度具体应增加的商品品种
分类建立利润标准	不同类别的商品给企业带来的利润不一样，应分类别制定商品利润标准
确定衡量新商品引进是否成功的标准	除销售额、利润等财务指标外，还应包括执行效率方面的指标，如新商品存活期、新商品引进时机、订单效率、新商品上架速度
制订季节性重点商品采购计划	
制订自行开发商品采购计划	主要是自有品牌商品的开发计划

（2）新商品引进操作流程。

新商品引进的具体操作流程见表 9－5。

表 9－5　新商品引进的具体操作流程

执行步骤	执行内容
新商品引进前的市场机会评估	收集有关新商品的种类信息及数据；根据新商品评估标准给新商品评分，包括商品功能、性价比、消费者测试、盈利能力、销售潜力等；根据评估结果确定新商品引进规模
新商品引进执行计划	确定新商品上架计划；给新商品定价；确定新商品引进时的助销方案；确定后勤、下单、分销时间
销售效果评估	新商品上架后每周监控其销售情况，绘制销售趋势曲线。监控的主要财务指标有新商品销售量（额）、新商品利润；监控的执行效率指标有新商品存活期、引进时机、订单效率、上架速度；监控的品类指标有品类销售量、品类销售额

案例评析

蒙牛酸酸乳这款新产品在上市时，选择《超级女声》这档火遍全国的电视选秀节目作为宣传媒介，其观众正是蒙牛酸酸乳的目标顾客群体，这对新产品的市场导入和快速进入成长期起到很好的引导作用。

任务三　滞销品管理

案例导入

超市品类管理案例分析

A 城 J 超市是当地最大的连锁零售企业，但是由于长期没有对单品进行严格的管理，造成门店单品过盛，大量的单品由于滞销占用了大量流动资金，资金链稳定性随时面临着考验。

针对此种情况，J超市开始推行品类管理，优化卖场资源，实行严格的品类单品数量限额，月末进行末位淘汰，对新品进店实行一进一出制度。

一年后，卖场的陈列面大了，采购人员手里的滞销品少了，但发现进店客流有所下降，虽然客单价提升了，但毛利率降了很多，也就是说，没有原来赚钱了。

思考：

试分析该超市滞销品减少而不获利的原因。

知识探究

一、什么是滞销品

滞销是指商品因某种原因而导致销售迟滞。滞销品，即销售困难或无销路的商品。

滞销品的认定是相对的，不同的企业对滞销品有自己的评定标准。有人认为销售额排名靠后的商品为滞销品。也有人认为引进的商品达不到企业引进时预期的利润，或者是利润下降到企业界定的滞销标准以下的商品为滞销品。滞销品都有一个共同的表现，即销售不佳，利润甚微甚至亏损，如果用其他商品代替滞销品的销售空间，会增加该销售空间的盈利能力。

二、滞销品产生的原因

滞销品产生的原因主要有以下几种：

1. 现有商品因持续销售不佳而成为滞销品

商品销售不佳是一个表面现象，其背后可能会有多种原因。排除偶发原因的影响，可能的原因是产品质量有问题、价格偏高、性价比不合理、产品过时、消费者的兴趣发生了转移等。

2. 替代品的出现导致原有商品销售不佳而成为滞销品

替代品的出现会分流一部分消费者，对原有商品的市场地位有一定影响。但只有当原有商品被市场所抛弃，市场地位被替代品取代时，才沦为滞销品。

3. 商品引进失败而成为滞销品

商品引进失败的原因有：新商品不符合市场需求，零售商市场开发不力。

4. 季节性商品在非消费季节积压而成为滞销品

季节性商品的销售会随着季节的变动而变动，错过消费季节而成为滞销品是一种正常的市场现象。对于季节性商品，应在进货的数量、质量、时机等方面加强管理，尽量避免过季商品成为滞销品给企业带来利润损失。

企业经营的商品成为滞销品除上述几种原因外，可能还会有其他一些原因，如商品质量问题、供货商供应不及时、错过了商品销售的最好时机、市场供求关系发生了变化、进货量过大造成商品积压、新商品定价过高而影响新商品打开市场等。

三、滞销品的鉴别

滞销品可以从以下几个方面来判定：

1. 销售额

根据本店 POS 系统提供的销售信息资料，对各商品的销售情况进行排序，排名靠后的商品视为滞销品。

以销售额排行榜为标准判定滞销品时，要考虑两个因素：一是排行靠后的商品是否是为了保证商品的齐全性才采购进场的；二是排行靠后的商品是否是由于季节性因素才销售欠佳。如果是这两个因素造成的滞销，对其淘汰应持慎重态度。

2. 毛利

毛利是商品销售价格与进货价格之间的差额。经营中，有些商品看上去毛利水平很高，但商品的流通费用也很高，如超市的生鲜食品的损耗率很高，若管理不善往往会吃掉毛利，或者纯利极低，虽然不滞销，但不获利，也应考虑减少经营，或仅做保留品种。

3. 周转率

在毛利率类似的前提下，周转过慢的商品带来的利润就低，可视为滞销品。

4. 商品质量

对被技术监督管理部门或卫生部门宣布为不合格商品的，无论是否滞销，都应将其淘汰。

四、滞销品的处理原则

滞销品对企业经营有害无利，应该尽早采取果断措施予以处理。处理的原则主要有及时原则和果断原则。

1. 及时原则

滞销品对门店来说是一种资源浪费，如滞销品会占用门店销售空间，影响获利商品销售；滞销品会占用企业流动资金，影响资金使用效率；滞销品会增加企业库存，增加管理费用等。因此对滞销品应及早发现，尽快处理，以求减少损失。

2. 果断原则

一旦发现滞销品，就应及时果断处理，拖延等待只能是不断扩大损失。

五、滞销品的处理方式

常见的滞销品处理方式有与供应商协商解决和零售企业自行解决两种。

1. 与供应商协商处理

与供应商协商处理滞销品，主要是采取退、换货的方式来解决滞销品的出路问题。

2. 零售企业自行解决

零售企业自行解决滞销品问题，主要有以下几种方法：

（1）降价销售，这是不涉及供应商的最简单而有效的处理方法。

（2）转移到处理商品货架销售。

（3）作为配套商品销售或作为促销商品销售等。

案例评析

品类管理主要是通过数据化分析，对商品品种和货架空间进行有效管理，使商品组合更为科学有效；通过优化商品的组合，有效利用有限的空间资源，使销售利润达到最大化，并提高毛利、降低库存。

品类管理如果仅凭销售量（额）实行末位淘汰，可能会殃及交易额低而毛利高的二三线品牌的商品。那些高流转、低毛利的商品给企业带来的利润往往有限，经营这类商品的目的是引客进店，带动那些毛利高、交易频率一般甚至较低的商品的销售。

答疑解惑

通过本项目的学习，我们从营销的角度进一步认识了商品管理与企业经济效益的关系。品类促销给企业营销带来活力，新商品引进给企业发展带来生机，滞销品淘汰会使企业经营效益得到提升。平淡无奇的经营不会给企业带来超值利益的享受，而带有管理艺术的营销活动会为企业经营锦上添花。

项目小结

本项目比较系统地介绍了商品促销、新商品引进和滞销品管理等有关商品销售管理的基本理论问题，并从品类营销的角度进一步说明了商品管理对改善企业经营管理、提高企业经济效益的影响。

促销，是指企业利用各种有效的方法和手段，促使消费者注意企业的产品，激发消费者的购买欲望，达到扩大企业产品销售、增加企业利润目的的一系列营销行为。品类促销在传统促销理论的基础上，融入品类管理的思想，使得促销过程更具有稳定性，促销效果更具长期性。促销的形式主要有优价促销、限时特价销售、赠品促销、代币券或优惠券返还促销、现场展示、商品展销，以及集点赠送、免费试用、廉价包装、以旧换新、抽奖活动等。

零售企业的新商品，是指零售企业第一次经营，且在该店大部分顾客也是第一次接触的商品。

滞销品，即销售困难或无销路的商品。滞销品会给企业经营带来沉重的负担，降低企业经济效益，严重危及企业生存。滞销品产生的原因主要有：现有商品因持续销售不佳而成为滞销品，替代品的出现导致原有商品销售不佳而成为滞销品，商品引进失败而成为滞销品，以及季节性商品在非消费季节积压而成为滞销品等。企业主要从销售额、毛利、周转率、商品质量等几个方面来鉴别滞销品。常见的滞销品处理途径主要有两条：一是与供应商协商处理，二是零售企业自行解决。

实训练习

一、基础训练

（一）判断题（正确的打“√”，错误的打“×”）

1. 促销就是企业利用一切可以利用的机会和手段推销企业产品。（　　）

2. 优价促销，就是将商品以低于成本的价格出售。（　　）

3. 品类管理的观点认为，无论商品在市场上已经存在多久，只要是零售企业第一次经营的，该商品都属于新商品。（　　）

4. 仿制品没有任何技术创新，不应列入新产品范畴。（　　）

5. 凡是销售缓慢的商品都属于滞销品，都应作为淘汰商品处理。（　　）

（二）单项选择题（请将你认为最合适的选项代号填入括号中）

1. 下列商品中，哪种商品不适合作为促销商品？（　　）

A. 节令性商品　　B. 名优商品

C. 新商品　　D. 库存较大的商品

2. 在促销期间，商家推出了买100元商品赠50元代币券的促销活动，消费者享受的是(　　)优惠。

A. 5折　　B. 7.5折

C. 3.3折　　D. 6.6折

3. 下列选项中，不属于经营企业意义上的新产品概念的是(　　)。

A. 仿制新产品　　B. 企业自有品牌商品

C. 改进新产品　　D. 企业第一次经营的商品

4. 处于市场生命周期的引入期的新产品的销售量(　　)。

A. 最低　　B. 急剧增长

C. 最大　　D. 没有

5. 下列处理滞销品的方法中，不正确的是(　　)。

A. 向供应商退货　　B. 要求供应商换货

C. 企业自行降价销售　　D. 低价内部处理

（三）多项选择题（选择两个或两个以上的选项代号填入括号中）

1. 品类促销能给促销带来优化，其优化的主要表现是(　　)。

A. 从品类优化的角度选择促销商品　　B. 从货架优化的角度选择促销终端

C. 从商品优化的角度选择促销形式　　D. 以促销优化提高销售效率

2. 下列选项中，属于优价促销形式的是(　　)。

A. 节庆大优惠　　B. 季节大酬宾